Andrea Moritz

Kommt,
wir feiern miteinander!

Einschulungsgottesdienste
Grundschulgottesdienste
Abschlussgottesdienste

Gütersloher Verlagshaus

Bibliografische Information Der Deutschen Bibliothek
Die Deutsche Bibliothek verzeichnet diese Publikation in der Deutschen Nationalbibliografie; detaillierte bibliografische Daten sind im Internet über http://
dnb.ddb.de abrufbar.

„Die ganze Welt gehört mir!
Schön, wie der liebe Gott das gemacht hat."

Johannes, 5 Jahre

Mit den Augen eines Kindes sehen,
mit seinen Ohren hören,
mit seinem Herzen fühlen,
so lohnt es sich, das Leben zu feiern.

Für Marijke, Amelie und Johannes

ISBN 3-579-05517-8
© Gütersloher Verlagshaus GmbH, Gütersloh 2003

Umschlaggestaltung: Init GmbH, Bielefeld, unter Verwendung von drei Fotos © epd-bild, Frankfurt a.M. (oben rechts: epd-bild/Gerrit Richard Ranft; oben links und unten: epd-bild/Norbert Neetz).
Satz: Katja Rediske, Landesbergen
Druck und Bindung: Těšínská Tiskárna AG, Český Těšín
Printed in Czech Republic

www.gtvh.de

Inhalt

Liturgische Feiern mit einer einzelnen Klasse

Vorwort

Schulgottesdienste gehören als unverzichtbarer Bestandteil in den Lebensraum Schule. Sie sind Ort des Feierns, der Besinnung, der Gemeinschaft und Begegnung von Kindern und Erwachsenen unter- und miteinander. Wie kein anderer Ort bilden sie auf besondere Weise die Schnittstelle zwischen Lebens- und Glaubenserfahrung von Kindern. Hier können sie einen Platz finden, ihren Glauben zu feiern, und lebensnotwendige Erfahrungen mit einem Gott machen, der den Menschen in leidenschaftlicher Weise zugewandt ist. Diese Zugewandtheit findet ihren Ausdruck in seinem Namen: »ICH BIN DA« (Exodus 3,14).

Im Bewusstsein dieser leidenschaftlichen Zugewandtheit Gottes gilt es, die Kinder als gleichberechtigte Individuen ernst zu nehmen.

Deshalb sind die gottesdienstlichen Feiern handlungsorientiert und so weit wie möglich auf die mitwirkende Teilnahme der Kinder hin konzipiert. Der sinnlichen und leibhaftigen Erfahrbarkeit des Glaubens soll weiter Raum gewährt werden. Die Gottesdienste wollen die Kinder in ihrer Ganzheitlichkeit, ihrer Kreativität und Emotionalität ansprechen. Besonders deutlich findet dies seinen Ausdruck in den fünf kleineren gottesdienstlichen Feiern, die gezielt auf die Durchführung mit einer kleineren Gruppe von Kindern ausgerichtet sind.

Die ausgearbeiteten Entwürfe haben ein in sich wiederholendes Prinzip:
1. Thema
2. Leitmotiv
3. Benötigte Materialien
4. Kurzablauf
5. Liturgie
6. Lieder
7. Verkündigungs- und Aktionsteil

Alle Entwürfe laden dazu ein, einzelne Elemente selbst zu variieren, zu erweitern oder zu streichen. Denn die Feier eines Schulgottesdienstes muss Rücksicht auf die jeweiligen Bedingungen der Gruppe und räumlichen Gegebenheiten nehmen.
Der Aufbau der Liturgie – als von seiner Form wiederkehrendes Ritual – hat zum Ziel, den Kindern Verlässlichkeit und Sicherheit zu geben.
Die biblischen Texte werden auf die in ihnen enthaltenen Erfahrungen und Identifikationsmöglichkeiten in der Begegnung mit dem Glauben befragt.

Die nicht abgedruckten Lieder werden in den Gottesdiensten mit Abkürzungen bezeichnet (siehe dazu die Abkürzungen der Liederbücher im Anhang).

Beim Vorbereiten und Feiern der Gottesdienste wünsche ich allen Benutzerinnen und Benutzern viel Freude.

Hargesheim, im Frühjahr 2003   *Andrea Moritz*

Schulabschlussgottesdienst zum Thema:
»Komm, wir finden einen Schatz«
in Verbindung mit Matthäus 13,44

Leitimpuls

Schulentlassung bedeutet Abschied und Neubeginn. Unter dem
Leitmotiv des Schatzes können die Kinder in Zusammenhang
mit der biblischen Geschichte vom Schatz im Acker einen Ein-
druck von den großen und kleinen Schätzen gewinnen, die uns
Gott für unser Leben schenkt. Sie erfahren durch die Geschichte, wie die Begegnung mit Gottes Schätzen unser Leben verändern kann. Sie nehmen aus den vier Jahren Grundschulzeit mit
auf ihren neuen Weg, dass sie selbst ein unverwechselbarer
Schatz Gottes sind. Daran soll sie das Geschenk eines Edelsteines erinnern.

Benötigte Materialien

Edelsteine je nach Anzahl der Schulabgänger/innen, ein brau-
nes Tuch und eine große Sandkiste mit Sand für den Acker, Gar-
tengerät, ein paar Geldstücke und eine Holzschatulle, einen
Beutel sowie eine Papierrolle für den Tagelöhner, einen etwas

größeren Bergkristall für den/die Pfarrer/in, vorbereitete größere Bilder mit Texten zur Thematik: Worüber wir uns freuen können.

Ablauf

- Begrüßung
- Lied: Gott mag Kinder, große und kleine (s.u.)
- Eingangsgebet
- Die großen und kleinen Schätze, die Gott uns schenkt (vorbereitete Bilder und Texte von Kindern des 3. Schuljahres). (z.B. eine Blume, einen Ball und Skateboard zum Spielen, eine Uhr für geschenkte Zeit, Bild von einem Freund oder Freundin oder von den Eltern, Bild von einem Haustier etc.).
- Klage
- Lobpreis
- Lied
- Anspiel zum Bibeltext Matthäus 13,44 Der Schatz im Acker – Lied: Ins Wasser fällt ein Stein (Vers 1+2) (KG 151)
- Kurzansprache
- Schatzsuche der Kinder des 4. Schuljahres
- Lied: Ins Wasser fällt ein Stein (Vers 3)
- Fürbittengebet – Vaterunser- Sendung – Segen
- Lied: Gott, dein guter Segen (LJ 382)

Gott mag Kinder, große und kleine

schwar - zes Haar. Gott mag Kin - der, das ist wun - der - bar!

1. Gott macht kei - nen Un - ter - schied zwi - schen den Men - schen,

die er liebt. Gott liebt al - le, das ist klar!

Auch uns Kin - der, das ist wahr!

2.
Gott hat alles in der Hand, jedermann, in jedem Land.
Gott schützt alle, das ist klar! Auch uns Kinder, das ist wahr!

3.
Gott hat einen guten Weg für jeden Menschen, der ihn geht.
Gott führt alle, das ist klar! Auch uns Kinder, das ist wahr!

Text und Melodie: Daniel Kallauch
© cap!-music, Altensteig.

Liturgie

Eingangsgebet/Psalm

*Gott, dir will ich ein Lied singen
und dich loben, solange ich lebe.*

Du hast die Welt so wunderbar gemacht.
Die großen und kleinen Dinge leuchten im Licht deiner Sonne.
Die Blumen strahlen vor Schönheit
und senden ihren Duft hinaus in die Welt.

Das zarte grüne Moos ist wie ein weicher Teppich
unter unseren Füßen.
Die Bäume singen uns im Wind deine Lieder.

Gott, dir will ich ein Lied singen
und dich loben, solange ich lebe.

Die braune Erde, auf der wir stehen, trägt uns.
Sie schenkt uns Nahrung, von der wir leben.
Aus ihr lässt du das Wasser hervorsprudeln
zwischen den Bergen und Wiesen hindurch,
dass Pflanzen, Tiere und Menschen ihren Durst löschen
können.

Gott, dir will ich ein Lied singen
und dich loben, solange ich lebe.

Du hast den Himmel über uns ausgebreitet
wie ein großes Zeltdach.
Sonne, Mond und Sterne funkeln uns entgegen.
Sie sind deine Geschöpfe wie wir.
Tag und Nacht begleiten uns mit dir durch die Zeit,
dass wir ruhen und arbeiten können.

Gott, dir will ich ein Lied singen
und dich loben, solange ich lebe.

So ist die Welt voller Wunder und Schätze,
die du für uns geschaffen hast.
Du bist es, der alles so klug geordnet hat.
Darum danken wir dir,
denn alles hast du geschaffen dir zur Freude.

Gott, dir will ich ein Lied singen
und dich loben, solange ich lebe.

Klage

Guter Gott,
oft gehen wir achtlos an den wunderbaren Dingen vorbei,
die du geschaffen hast.
Wir riechen zwar den Duft der Blumen,
wir hören die Lieder der Bäume und Vögel,
wir schmecken die Nahrung, die die Erde uns schenkt,
wir arbeiten, spielen und schlafen,
aber wir vergessen oft, dass du uns das alles schenkst.
Darum rufen wir zu dir: Herr, erbarme dich.

Lob

Gott hat uns einen wachen Verstand
und ein fröhliches Herz gegeben.
So öffnet er immer wieder unser Herz
für seine großen und kleinen Wunder in der Welt.
Darum können wir ihm immer wieder ein Halleluja singen.

Fürbittengebet

(Kind:)
Guter Gott,
wir danken dir, dass du uns Kinder lieb hast
und wir immer einen Platz bei dir haben.
Zu dir können wir kommen, wie wir sind,
ob fröhlich oder traurig,
laut oder leise,
wütend oder still.
So bist du mit uns gegangen.
Vier Jahre warst du auch unser Begleiter durch die Schule.
Wir bitten dich:
Geh du auch weiter mit auf den neuen Wegen,
die jeder von uns jetzt gehen wird.

(Eltern:)
Guter Gott,
unsere Kinder haben eine Wegstrecke hinter sich gebracht.
Bald beginnt ein neuer Weg für sie.
Wir Eltern haben gemischte Gefühle.
Wir fragen uns manchmal:
Haben wir mit der Schulwahl der Kinder die richtige Entscheidung getroffen?
Werden sich unsere Kinder zurechtfinden?
Gott, wir wollen vertrauensvoll darauf hoffen,
dass du auch weiterhin ihr guter Begleiter bleiben wirst.

(LehrerIn:)
Guter Gott,
mit vielen guten Wünschen wollen wir nun die Kinder der vierten Klasse
für ihren weiteren Weg verabschieden.
In der Schule haben wir versucht,
ihnen ein gutes Weggepäck mitzugeben.
Wir danken dir für die ereignisreiche Zeit,
die wir miteinander verbracht haben.

(PfarrerIn:)
Guter Gott,
so bitten wir nun für alle Kinder, hier in der Kirche,
aber auch draußen in der Welt.
Geh du mit ihnen einen guten Weg.
Sende deine Botschaft von einem frohen Leben hinaus,
dass sich die Kinder der Erde freuen können,
dass das Leid und Elend vieler Kinder ein Ende finden möge,
sie genügend Essen und Trinken haben,
Medikamente bei Krankheit
und wie die Kinder bei uns zur Schule gehen können,
um lesen, schreiben und rechnen zu lernen.
Geh du mit uns allen einen guten Weg.
Sei du jeden Tag unser Wegbegleiter.
Amen.

Sendung/Segen

Geht euren Weg und wisst:
Gott will euch segnen mit seiner liebenden Wärme,
Gottes Segen strahle in euer Herz, wie ein funkelnder Edelstein.
So segne euch Gott, der Vater, der Sohn und der Heilige Geist. Amen.

Anspiel zum Bibeltext Matthäus 13,44

Sprecher: Nachdem Jesus den Jüngern und Jüngerinnen erschienen war und sie beauftragt hatte, seine Botschaft an die Menschen weiterzugeben, saßen sie oft beisammen. Wenn sie die Fischernetze flickten, oder abends nach getaner Arbeit, erzählten sie sich die Geschichten von Jesus und das, was sie so Wunderbares mit ihm erlebt hatten. Manche, die Jesus selbst nicht kennen gelernt hatten, die hörten zu und stellten Fragen. Auch sie wollten verstehen lernen, warum Jesus das Leben so vieler Menschen wunderbar verwandelt hatte. – Auch an jenem Abend saßen sie wieder zusammen. Petrus und Andreas waren dabei.

1. Mann: Andreas, du hast neulich einmal zu uns gesagt, dass eine einzige Begegnung mit Gott unser Leben verändern kann.

Andreas: Ja, so hat es uns Jesus erzählt und so haben wir es auch mit ihm zusammen erlebt. Jesus ist uns hier unten am See begegnet. Da konnten wir nicht anders, haben unsere Arbeit zurückgelassen und sind mit ihm gegangen.

1. Mann: Ich kann mir das nicht so genau vorstellen. Manchmal frage ich mich, wo ich Gott suchen soll. Mir fällt aber keine Antwort ein.

2. Mann: Mir geht das genauso. Wie hat Jesus euch das denn überhaupt erklärt, wie Gott ist und wo man ihn finden kann?

Andreas: Jesus hat immer Geschichten erzählt und Gott mit etwas verglichen, was wir uns gut vorstellen können.

Petrus: Ich erinnere mich noch gut. Wir saßen einmal zusammen, so wie wir jetzt, da erzählte Jesus: Mit Gottes Reich ist das so, wie das Erlebnis, das einmal ein Tagelöhner hatte. Er hatte an einem warmen Frühjahrstag eine Arbeit bei einem Bauern gefunden. Er sollte dessen Acker pflügen.

(Eine Erzählpantomime: Der Tagelöhner tritt auf und arbeitet stumm auf einem Acker.)

Während er pflügte, sah er auf einmal etwas glitzern. Die Sonnenstrahlen waren auf etwas Glitzerndes gefallen. Es blendete ein wenig in seinen Augen. Er bückte sich neugierig und sah ein Goldstück vor sich auf der Erde liegen. Erstaunt hob er es auf und betrachtete es von allen Seiten.

(Tagelöhner bückt sich und hebt erstaunt ein Geldstück vom Boden auf)

Er dachte: Wo ein Goldstück ist, da finde ich vielleicht noch ein Zweites. Deshalb begann er, an der Stelle in der Erde zu graben. Stellt euch vor, nach einer Weile fand er ein Kästchen. Er öffnete es und darin waren lauter Goldstücke.

(Tagelöhner findet die Schatzkiste.)

Da überlegte er, was er machen sollte. Wenn er dem Bauern von dem Fund erzählen würde, wäre er den Schatz los. Das wusste er. Da hatte er eine gute Idee. Er grub den Schatz wieder ein.

(Tagelöhner gräbt die Schatzkiste wieder ein.)

Am Abend ging er nach Hause. Am nächsten Tag machte er sich gleich auf den Weg in die Stadt und verkaufte alles, was er hatte.

(Tagelöhner geht zu einem Mann in der Stadt und unterschreibt mit ihm einen Kaufvertrag. Er erhält einen Beutel mit Geld.)

Mit dem Erlös lief er sofort zu dem Bauern und kaufte den Acker, auf dem er am Tag zuvor gearbeitet hatte.

(Tagelöhner geht mit dem Beutel Geld zum Bauern, übergibt den Beutel, beide schütteln sich die Hände.)

Der Tagelöhner war glücklich, er grub den Schatz auf seinem Acker aus und hüpfte vor Freude nach Hause. So hatte er für sein Leben ausgesorgt.

(Tagelöhner gräbt den Schatz aus und hüpft nach Hause.)

2. Mann: Und was hat das jetzt damit zu tun, dass eine einzige Begegnung mit Gott unser Leben verändert?

3. Mann: Ich glaube, Jesus hat damit gemeint, dass eine Begegnung mit Gott ganz unerwartet sein kann, so wie der Tagelöhner unverhofft den Schatz fand.

4. Mann: Vielleicht wollte er uns aber auch sagen, dass wir mit offenen Augen durch das Leben gehen sollen, damit wir Gott überhaupt finden. So wie der Tagelöhner das Funkeln gesehen hat und somit den Schatz fand.

5. Mann: Genau! Und so wie für jeden unterschiedliche Dinge wichtig sind, so unterschiedlich kann auch der Schatz sein.

6. Mann: Für mich ist ein Schatz, einen guten Freund zu haben, oder wenn ich meine Kinder fröhlich spielen sehe.

4. Mann: Es kann aber auch eine Umarmung sein, oder jemand, der mich tröstet, wenn ich traurig bin.

5. Mann: Vielleicht ist es aber ganz einfach eine schöne Blume oder ein Tautropfen im Gras.

3. Mann: Oder es ist ganz einfach die Zeit, die wir zusammen verbringen und uns gegenseitig zuhören.

Petrus: Und so begegnet uns auch Gott.

Kurzansprache

Liebe Schülerinnen und Schüler,
immer, wenn Jesus zu seinen Freunden von Gottes neuer Welt gesprochen hat, oder wenn er überhaupt etwas über Gott sagen wollte, dann erzählte er den Menschen Geschichten wie die, die wir eben gehört und gesehen haben. Eine ganz besondere war eben diese Schatzgeschichte.

Und meistens hat Jesus es so gemacht, dass seine Zuhörer die Antwort auf ihre Fragen selbst herausfinden mussten.

Die Freunde von Andreas und Petrus, die Jünger Jesu aus unserem Spiel, die haben gelernt, wie ihnen Gott begegnet, wenn sie mit offenen Augen durch die Welt gehen.

Ein paar Beispiele für solche Schätze, in denen Gott für uns da ist, habt ihr uns ja auch schon erklärt und hochgehalten.

Ich habe euch auch etwas mitgebracht, von dem ich meine, es sei ein Schatz.

(Hochhalten eines Edelsteines)
Einen Stein haben wir ja schon dort drüben an unserem Spielacker liegen. Das hier ist ein anderer. Er ist groß und leuchtend, mit spitzen Zacken, eben ein Bergkristall. Er ist mein Lieblingsstein. Er erinnert mich daran, wie wunderbar all das ist, was Gott geschaffen hat.

Er erinnert mich daran, wie wunderbar auch ich bin, so wie ich aussehe, mit dem, was ich kann, und was ich im Leben gelernt habe. Ebenso wie ein Edelstein, keiner ist wie ein anderer. Wenn man genau hinsieht, kann man sie nicht verwechseln.

Genauso seid auch ihr, jedes Kind, jeder Erwachsene hier in der Kirche. Jeder, jede anders gut und schön von Gott geschaffen, jeder, jede mit anderen Begabungen.

Das zu erfahren, das ist für mich der größte Schatz, den es geben kann.

Daran, dass Gott uns immer wieder in großen und kleinen Schätzen begegnen will, daran sollen wir uns also erinnern, besonders daran, dass wir sein größter Schatz sind.

Für die Kinder der beiden vierten Klassen haben wir deshalb heute etwas Besonderes vorbereitet, denn sie werden nach den Sommerferien an andere Schulen gehen. Für jeden von euch ist hier in unserem Acker ein kleiner Schatz, ein Edelstein vergraben, den ihr euch jetzt gleich heraussuchen dürft.

Der Edelstein soll euch auf eurem Weg daran erinnern, dass Gott euch wunderbar geschaffen hat, einen jeden, wie er ist, und dass Gott in eurem Leben ein Begleiter sein will, wie ein Schatz.

Schulabschlussgottesdienst zum Thema:
»Mit Gott unterwegs«
in Verbindung mit 1 Mose 12,1–9

Leitimpuls

Abschiednehmen und Neuanfang ist immer mit Ungewissheiten verbunden. Die Kinder müssen Vertrautes zurücklassen.
In der Begegnung mit Abraham kommen sie in Kontakt mit bedingungslos gelebtem Vertrauen gegenüber Gott. Gott wird den Kindern erfahrbar als ein Gott, der zum Aufbruch ruft. Er bleibt auf dem neuen Weg dem Vertrauenden immer ein verlässlicher Wegbegleiter.

Benötigte Materialien

- Tageslichtprojektor
- Schattenspielfiguren: Abraham, Sarah, Lot, Knecht, zwei Schafe, zwei Ziegen, ein Kamel, Brunnen, Haus, Feld, Lichtkegel
- Jutesäckchen mit Segenskarte nach Anzahl der Schulentlasskinder
- Schultüte gefüllt mit einzelnen Dingen aus der Grundschulzeit

Gottesdienstablauf

- Begrüßung
- Lied
- Eingangspsalm/Gebet
- Klage
- Lob
- Lied

- Der Proviant aus der Schultüte
- Lied
- Geschichte zu 1 Mose 12,1-9 mit Schattenspiel
- Lied
- Kurzansprache mit anschließendem Segen
- Segenslied
- Fürbittengebet/Vaterunser/Schlusssegen

Liturgie

Eingangsgebet

Danket dem Herrn, denn er ist freundlich,
und seine Güte währet ewiglich.
Guter Gott, du bist wie ein treuer Freund
oder eine gute Freundin an meiner Seite.
Vieles habe ich schon geschafft und gelernt.
Ich kann schon eine ganze Menge.
Darüber bin ich froh.
Das gibt mir Sicherheit, wenn es vielleicht einmal schwer wird.
Das macht mich stark, wenn mir mal der Mut schwindet.
Danket dem Herrn, denn er ist freundlich,
und seine Güte währet ewiglich.
Ich weiß, dass du auf meinen Wegen bei mir bist.
Daran denke ich, wenn Neues und Unbekanntes auf mich zu-
kommt.
Ich vertraue darauf, dass du mich sicher führst
und ich meinen Fuß nicht an einem Stein stoßen werde.
Danket dem Herrn, denn er ist freundlich,
und seine Güte währet ewiglich.

Klage

Guter Gott, manchmal spüre ich das nicht,
dass du bei mir bist wie ein treuer Freund
oder eine gute Freundin.

Dann denke ich, du bist weit weg und fühle mich ganz allein.
Wenn es dann mal nicht so gut in der Schule läuft,
wie ich mir das wünsche, dann bin ich enttäuscht,
manchmal sogar wütend.
Dann rufe ich zu dir: Gott, verlass mich nicht!
Ein anderes Mal bin ich verzweifelt,
weil ich nicht weiß, wie es weitergeht mit dem Lernen und den
Noten.
Darum rufe ich zu dir: Höre meine Klage und nimm mich an
deine Hand.

Lob

Gott spricht zu dir:
Du bist nicht allein.
Ich bin bei dir, jeden Tag.
Ich behüte dich, wenn du Angst hast.
Ich tröste dich, wenn du traurig bist.
Ich freue mich mit dir, wenn du fröhlich bist.

Fürbittengebet

Lieber Gott, bald ist das Schuljahr zu Ende.
Wir haben viel gelernt und waren fleißig.
Es gab viel Schönes, aber auch manch Trauriges.
Wir können tief durchatmen, denn bald gibt es Ferien.
Von Abraham wissen wir, dass du immer bei uns bist.
Du gehst auf allen unseren Wegen mit uns.
Auch jetzt, wenn wir uns voneinander verabschieden,
bist du da.
Wir blicken zurück auf eine schöne gefüllte Zeit hier
in der Grundschule.
Dafür sagen wir: Danke schön.
Wir bitten dich, bleib du auch auf unseren neuen Wegen
bei uns und beschütze uns mit deinem guten Segen.
Amen.

Lieder

Abrahamlied (s.u.)
Halte zu mir, guter Gott (MKL 52)
Das wünsch ich sehr (Kanon, LfK1 C2)
Kommt alle her, hallihallo (MKL 146)
Segne uns mit der Weite des Himmels (LfK 1 B48)

Abraham

1. Habt ihr schon ge-hört von A - bra-ham, der aus Ur in Chal-
dä - a kam? Tau - send Mei - len musst' er rei - sen
in das Land, das Gott wollt' wei - sen. Tau - send Mei - len
zog er fort und sein Kom - pass war Got - tes Wort.

2
Habt ihr schon gehört das Gotteswort:
Zieh aus deiner Freundschaft fort!
Ich will segnen, die dich segnen,
strafen, die dir schlecht begegnen.
Ist dein Nam' auch arm und klein,
soll allem Volk doch zum Segen sein.

Text: Joachim Kreiter, Melodie: Jan Witt
Aus: Mein Liedersack, © Strube Verlag, München-Berlin.

Der Proviant aus der Schultüte

Die KlassenlehrerInnen bringen eine gefüllte Schultüte mit zum Gottesdienst. Anders als bei der Einschulung befinden sich in der Tüte lauter Gegenstände aus der Grundschulzeit der Kinder, z.b. das Lesebuch aus dem ersten Schuljahr, der Zahlenteufel, eine Handpuppe, die die Kinder in der Grundschulzeit begleitet hat, kleine Arbeiten, die im Kunstunterricht oder bei Projekten entstanden sind.

In einem Gespräch erinnern wir uns gemeinsam mit den Kindern an die Grundschulzeit. Das, was in der Schultüte drin ist, ist Proviant, Wegzehrung, die man braucht, um neue Wege zu gehen. Mit den einzelnen Proviantstücken schmücken wir den Altar.

Das Gespräch dient als Überleitung zur Abrahamsgeschichte.

Geschichte zu 1 Mose 12,1-9 erzählt als Schattenspiel mit dem Tageslichtprojektor

Erzähler = E

E: Abraham lebte vor langer Zeit im alten Israel. Abraham war ein Bauer.
(Die Figur des Abraham wird auf den Tageslichtprojektor gelegt.)

E: Zusammen mit seiner Frau Sarah bewirtschaftete er seinen Bauernhof.
(Neben Abraham taucht Sarah auf dem Tageslichtprojektor auf.)

E: Auf seinem Bauernhof gab es viele Tiere – Schafe, Ziegen und auch Kühe.
(Tiere werden zu Abraham und Sarah gelegt.)

E: Damit Abraham sein Land ordentlich bestellen konnte, hatte er auch noch Knechte, die ihm bei der Arbeit halfen.
(Ein Knecht kommt dazu.)

Liedvers (Abrahamlied) Während der Strophe werden die Spielfiguren vom Tageslichtprojektor heruntergenommen.

E: Eines Tages, als Abraham draußen bei der Feldarbeit war, hörte er eine Stimme.
(Abraham auf dem Feld)

E: Er wusste nicht, woher die Stimme kam. Als er sich umsah, konnte er niemanden sehen. Abraham stand da und fragte sich: »Sind das nur meine Gedanken, oder habe ich wirklich etwas gehört?« Plötzlich fühlte er, dass er nicht träumte. »Gott will mit mir reden«, dachte er.
(Eine Folie, die in der Mitte kegelförmig mit gelbem Folienstift markiert ist, wird so aufgelegt, dass der Kegel auf Abraham zeigt.)
Es ist seine Stimme, die sagt: »Abraham, jetzt beginnt in deinem Leben etwas Neues für dich. Du wirst viel erleben in der kommenden Zeit. Nimm alle, die du lieb hast, mit dir! Geht zusammen los! Geht einen ganz neuen Weg! Geht in das Land, das ich dir zeigen werde. In diesem Land wirst du Kinder und Enkelkinder haben. Auf diesem Weg werde ich dich behüten und beschützen.«
Abraham erschrak über Gottes Stimme. Er dachte daran, dass er nun alle seine Freunde und Verwandten verlassen musste, Haus und Hof und Felder. Er solle weggehen von dem Ort, wo er sich sicher fühlte, wo ihm alles bekannt war. Abraham machte sich auf den Weg nach Hause. Er kam am Dorfbrunnen vorbei. Dort traf er Sarah. Sie wollte Wasser holen.
(Abraham trifft Sarah am Brunnen.)

E: Abraham sagte zu ihr: »Sarah, du wirst es kaum glauben. Gott hat eben auf dem Feld zu mir gesprochen. Er will, dass ich mit dir in ein neues Land ziehe. Er selbst wird uns auf dem Weg dorthin begleiten und beschützen.«
»Das kann doch nicht sein!«, antwortete Sarah. »Wir können doch nicht einfach alles zurücklassen.«
»Es wird schon einen Grund haben«, entgegnete Abraham. »Hab Vertrauen, Sarah!

Gott hat uns bisher beschützt. Er wird es auch weiterhin tun. Darin bin ich mir ganz sicher.«
(Liedvers wird gesungen Abrahamlied Kulisse mit Bauernhof wird aufgelegt.)

E: Noch am gleichen Tag begannen Abraham und Sarah zu packen. Abraham besorgte Zelte für die lange Reise. Er kaufte Kamele, die das ganze Gepäck tragen sollten. Sarah packte den ganzen Hausrat ein. Schließlich war es so weit. Sie mussten Abschied nehmen. Als Abraham seine Haustür abschloss, zitterten ihm die Hände. Irgendwie hatte er doch ein wenig Angst vor dem langen und unbekannten Weg. Würde er das alles schaffen? Würde er neue Menschen kennen lernen und neue Freunde finden? Dann drehte er sich um und zog vertrauensvoll los. Ihm folgten Sarah, Lot, sein Neffe, und seine Knechte mit dem Vieh.
(Abraham zieht aus. Liedvers Abrahamlied.)

E: Plötzlich wusste Abraham, dass alles gut werden würde. Er erinnerte sich noch einmal genau an das, was Gott ihm gesagt hatte: »Abraham, du sollst wissen: Ich gebe dir meinen Segen mit auf den Weg. Er wird dich begleiten auf deiner Reise. Höre mir zu:
Ich segne dich, wenn du losgehst.
Ich behüte dich, wenn du Angst hast.
Ich tröste dich, wenn du dir wehtust.
Ich freue mich mit dir, wenn du dich freust.
Meinen Segen nimm mit in dein Weggepäck! Erinnere dich daran: Ich lasse dich nicht allein.«

Verabschiedung der Kinder aus der vierten Klasse

Kurzansprache

Liebe Kinder, heute möchten wir uns von euch nach vier Jahren in der Grundschule verabschieden. Nach den Sommerferien werdet ihr neue Schulen besuchen, nicht in die gewohnte Umgebung zurückkehren. Vielleicht geht es euch ein wenig wie

Abraham, als er seine Haustür absperrte. Wie er wisst ihr noch
nicht so genau, was so alles auf euch zukommen wird. Vielleicht
fragt ihr euch: »Wie werden die neuen Lehrer und Lehrerinnen
sein? Hoffentlich sind die Mitschüler nett? Ob die neuen Fächer
wohl schwer sind?« Oder vielleicht habt ihr auch noch ganz andere Fragen. Daneben freut ihr euch sicher auch schon auf die
neue Zeit. Ihr habt in den vier Jahren hier in der Grundschule
Weggepäck mitbekommen. Das könnt ihr jetzt mitnehmen auf
euren Wegen. Ihr werdet es unterwegs gut gebrauchen können.
Wenn wir uns jetzt heute von euch verabschieden, dann möchten wir euch noch ein ganz besonderes Päckchen mitgeben. Es
ist der Segen, den Gott Abraham mit auf den Weg gegeben hat.
Denn Gott will auch euch auf eurem neuen Weg mit seinem
Segen begleiten.

Die zu verabschiedenden Kinder werden nach vorne gebeten.
Sie stellen sich in einen großen Kreis um den Altar. Nach einem
gesprochenen Reisesegen erhält jedes Kind ein kleines aus Jute
genähtes Säckchen. In ihm steckt eine Karte mit dem Segensspruch aus der erzählten Geschichte.

Einschulungsgottesdienst zum Thema:
»Wir haben einen Freund«
in Verbindung mit dem Bilderbuch »Der Ernst des Lebens«
von Sabine Jörg, mit Illustrationen von Ingrid Keller,
K. Thienemanns Verlag, Stuttgart 2003, und Psalm 23

Leitmotiv

Einschulung bedeutet sowohl für Eltern als auch für Kinder einen markanten Einschnitt in ihrem Leben. Die Freude des Neubeginns ist gemischt mit Abschied von Kindergarten und behütetem Elternhaus. Der Beginn des Lebensernstes wird auch heute noch von vielen in Verbindung mit dem Schuleintritt gebracht. Die Geschichte von Sabine Jörg begleitet die Kinder als aufmunterndes Zeichen auf ihrem Weg in die Schule. Schule ist auch dazu da, neue Freundschaften zu knüpfen. Psalm 23 greift dieses Motiv auf, indem er Gott als den treuen Menschenfreund auf allen Lebenswegen versinnbildlicht.

Benötigte Materialien

Dias zum gleichnamigen Buch: Der Ernst des Lebens, Umriss eines Jungen und eines Mädchens aus Pappe (zum Aufstellen neben dem Altar), nach Anzahl der einzuschulenden Kinder Wasserflaschen 0,3 l mit Wasser und Bändern und einem neuen Etikett versehen.
Text: Gott segnet dich. Er führt dich zum frischen Wasser
Name des Kindes
Zur Erinnerung an deine Einschulung in der Grundschule ....
Ort ..... Datum .....

Ablauf

- Begrüßung
- Lied: Ja, Gott hat alle Kinder lieb (LJ 572)
- Hinführung zum Eingangsgebet
- Eingangsgebet
- Bildergeschichte nach dem Bilderbuch: Der Ernst des Lebens (mit Dias)
- Lied: Kindermutmachlied (ML C 15)
- Überleitung zu Psalm 23 Der Herr ist mein Hirte
- Tanz der vierten Klasse zum gleichnamigen Lied von Peter Janssens (ML 2 B181)
- Segensaktion für die Kinder
- Lied: Gott, dein guter Segen Vers 1+3 (LJ 382)
- Fürbittengebet/Vaterunser/Segen

Liturgie

Einführung ins Gebet

Wenn wir in der Kirche sind, dann reden wir mit Gott.
Wir beten.
Wir sagen Gott, was wir auf dem Herzen haben, worüber wir uns freuen oder ärgern und wovor wir Angst haben.
Und wir können Gott bitten, dass er bei uns ist und uns hilft.
Das wollen wir jetzt tun und miteinander beten.

Gebet

Lieber Gott, wir danken dir dafür,
dass wir gesund und munter hier sind.
Heute fangen wir neu in der Schule an.
Die meisten freuen sich und sind gespannt,
wie das alles wird.
Auf unserem Weg in die neue Schule und durch das neue Schuljahr
bitten wir dich, sei du mit uns, wie ein guter Freund,
heute und an allen Tagen. Amen.

Inhaltsangabe zum Bilderbuch

Dias zum Bilderbuch können ausgeliehen werden bei der Arbeits-
stelle für Kindergottesdienst der evangelischen Kirche von Kur-
hessen-Waldeck, Klosterberg 13, 35083 Wetter, Tel. 06423/3299.

Annette ist ein ausgelassenes Mädchen, das gerne herumturnt.
Kurz vor ihrem sechsten Geburtstag wird sie in ihrer Familie
darauf aufmerksam gemacht, dass mit der Einschulung der Ernst
des Lebens beginnt. Die Mutter und auch die große Schwester
tun geheimnisvoll. So sieht Annette ihrem sechsten Geburtstag
mit gemischten Gefühlen entgegen. Dabei stellt sie sich vor, wie
der Ernst des Lebens aussehen könnte, etwa wie ein Felsbro-
cken, der auf ihr liegt, oder ein Gespenst, das die Geburtstags-
geschenke verschlingt. Vielleicht steckt er auch in der Zeitung
und macht die Menschen mürrisch, so wie ihren Vater, den man
beim Zeitunglesen niemals stören darf.
So gespannt sie auch ist, an ihrem sechsten Geburtstag steckt in
keinem der Geschenke der Ernst des Lebens – und Annette vergisst ihn fast, bis sie ihn dann kurz nach ihrem Geburtstag in
der Schule doch noch kennen lernt. Dort lernt sie in ihrem Bank-
nachbarn einen neuen Freund kennen, mit dem sie schwatzen
kann, der ihr Buntstifte ausleiht und ihr sogar Bonbons schenkt.
Dieser Junge heißt Ernst. Annette ist erleichtert, dass der Ernst
des Lebens so nett sein kann.
Da beschließt sie, sich von den Erwachsenen keine Angst mehr
machen zu lassen.
Schließlich lädt sie ihren Freund zum Spielen ein und erzählt
daheim geheimnisvoll, dass sie den Ernst des Lebens mit nach
Hause bringt und alle bitte freundlich zu ihm sein mögen.

Überleitung zu Psalm 23

Wie gut, dass es den Ernst des Lebens als richtigen Freund gibt
und er nicht als Schreckgespenst herumgeistert und uns
vielleicht Angst vor der Schule oder anderen neuen Dingen
macht, die wir so in unserem Leben erfahren werden.

Neben diesem Freund oder auch einer Freundin, die ihr sicherlich alle in der neuen Schule finden werdet, gibt es noch einen großen Freund, der immer bei uns sein will, egal wohin wir gehen, egal wie wir uns fühlen. Von diesem Freund erzählt uns die Bibel. Ihn haben schon die Kinder, aber auch die Erwachsenen vor langer, langer Zeit gekannt. Von ihm haben sie sich Geschichten erzählt und ganz oft auch Lieder gesungen.

Eins davon haben wir euch heute mit in den Gottesdienst gebracht und zu diesem Lied werden gleich die Kinder der vierten Klasse tanzen.

Dieser große Freund, von dem gesungen wird, ist Gott. »Aber wie kann man von ihm singen, wenn man ihn nicht sehen kann?«, fragte mich neulich eine von euch im Kindergottesdienst.

Der Psalmbeter, der uns sein Lied aufgeschrieben hat, dem ging das ähnlich. Er konnte Gott nämlich auch nicht sehen, aber er konnte ihn spüren, wie er immer beschützt war in seinem Leben. Und so hat er für sich und uns ein Bild von seinem Gottesfreund gesungen und es aufgeschrieben.

Er sang den Menschen vor: Gott ist wie ein Hirte, der seine Schafherde hütet.

Er steht bei seinen Schafen und passt auf, dass ihm keines verloren geht, denn er hat jedes Einzelne sehr, sehr lieb in seinem Herzen. Er geht mit den Schafen von einer Weide zur anderen, damit sie genug Nahrung finden. Er sucht für sie Quellwasser, damit sie keinen Durst haben. Wenn es dunkel wird, passt er auf, dass keine wilden Tiere kommen und einem seiner Schafe etwas antun. Wenn sich ein Schaf einmal verletzt hat, ist er zur Stelle und hilft. Kleine und Schwache trägt er sogar manchmal auf seinen Armen und hält sie lieb. Egal was geschieht, er ist immer bei ihnen.

So, singt der Psalmbeter, ist auch Gott zu uns, wie ein guter Freund, der uns beschützt.

Wenn die Kinder der vierten Klasse uns dieses Lied jetzt vortanzen, dann können wir alle die Bewegungen zum Refrain mitmachen.

Getanztes Lied: Der Herr ist mein Hirte von P. Janssens

Der Herr ist mein Hirte,
> *Die Tänzer/innen stehen im Kreis, heben die Arme und bilden ein Dach über dem Kopf.*

mir wird nichts mangeln.
> *Die Arme werden heruntergenommen und über der Brust gekreuzt.*

Er weidet mich auf einer grünen Aue
> *Alle fassen sich an die Hände und gehen links herum im Kreis.*

und führet mich zum frischen Wasser.
> *Alle gehen einen Schritt auf die Mitte zu, bücken sich und schöpfen mit den Händen Wasser, wie aus einer Quelle.*

Er erquicket meine Seele
> *Alle öffnen, breiten sie seitlich aus, führen sie zurück und kreuzen sie über der Brust.*

und führet mich auf rechter Straße
> *Alle fassen sich an den Händen und gehen im Kreis rechts herum.*

um seines Namens willen.
> *Alle erheben die Hände zur Gebetshaltung.*

Und ob ich schon wanderte im finsteren Tal,
> *Alle gehen in gebeugter Haltung im Kreis links herum.*

fürchte ich kein Unglück,
> *Alle richten sich auf, gehen aufrecht und frei und strecken dabei die Arme nach oben.*

dein Stecken und Stab trösten mich.
> *Die sich gegenüberstehenden Tänzer/innen bilden ein Paar, indem einer auf den anderen zugeht (wer von beiden geht und wer stehen bleibt, wird vorher abgesprochen). Sie strecken gegenseitig die Arme über den Kopf des anderen. Eine/r hat die Armführung dabei innen, der/die andere außen.*

Refrain: Der Herr ist mein Hirte ...

Du bereitest vor mir einen Tisch im Angesicht meiner Feinde.

*Alle gehen in Hockhaltung und öffnen die Hände wie zu
einer Schale.*
Du salbest mein Haupt mit Öl und schenkst mir voll ein.
*Jeweils zwei nebeneinander Stehende bilden ein Paar.
Eine/r von beiden legt der/dem anderen die Hände als Se-
gensgeste auf den Kopf. Die/der andere gießt mit einem
imaginären Krug der/dem anderen in einen imaginären
Becher ein.*

Refrain: Der Herr ist mein Hirte ...

Gutes und Barmherzigkeit werden mir folgen mein Leben lang
Alle fassen sich an und gehen im Kreis links herum.
und ich werde bleiben im Hause des Herrn immerdar,
*Alle fassen sich an den Händen, gehen auf die Mitte zu, er-
heben die Arme dabei und bilden ein schützendes Dach.*
im Hause des Herrn immerdar.
*Alle gehen zurück. Die Arme sinken dabei. Angefasst öffnet
sich der Kreis zu einem Halbmond in Richtung der Zu-
schauer.*

Aus: Andrea Moritz: Gut behütet unterwegs. Durch die Wüste ins gelobte Land –
Kinderkirchentag, Aussaat Verlag, Neukirchen-Vluyn 1999, S. 80-82.

Segensaktion für die Kinder

Die Schulanfänger/innen werden mit ihren Lehrer/innen nach
vorne gebeten und stellen sich wenn möglich in einem Kreis
um den Altar herum. Jedes einzelne Kind wird nun persönlich
mit den Worten gesegnet: Gott segne dich, er begleite dich auf
deinen Wegen in der Schule wie ein guter Freund und führe
dich zum frischen Wasser.
Anschließend erhält jedes Kind eine für es persönlich vorbereitete Wasserflasche und ein auf Pappe vorbereitetes, ausgeschnit-
tenes Kinderpaar zum Ausmalen in Anlehnung an die Geschichte
von Sabine Jörg.

Einschulungsgottesdienst zum Thema:
»Ich schenk dir einen Sonnenstrahl«
in Verbindung mit Markus 10,13-16

Leitmotiv

In der Schwellensituation des Schuleintrittes tut es sowohl Eltern, Kindern, aber auch Lehrern gut, sich unter den Segen Gottes zu stellen. Die Geschichte von der Kindersegnung macht deutlich, wie wichtig gerade die Kinder Jesus waren, und dass er ihnen einen Platz an Gottes Seite gewährte. Das Motiv der Sonnenstrahlen drückt diese Zuwendung Gottes auf eindrückliche Weise aus. Die Kinder erleben sich so als einer Gemeinschaft mit Gott zugehörig. Das Bild der neuen Gemeinschaft wird verknüpft mit der neuen Gemeinschaft in der Klasse, die unter Gottes Segen steht.

Benötigte Materialien

- gelber Futterstoff oder gelb eingefärbtes Betttuch
- nach Anzahl der Einschulungsklassen je eine große gelbe Sonnenscheibe aus Tonkarton
- nach Anzahl der einzuschulenden Kinder je ein gelber Sonnenstrahl mit Namen und Segensspruch.
- Absprache mit Kindern, Eltern, Lehrern und Lehrerinnen, die im Gottesdienst mitwirken

Ablauf

- Begrüßung
- Eingangsgebet/Psalm
- Spielszene

- Lied und Tanz: Gottes Liebe ist wie die Sonne
- Kurzansprache
- Segnung der SchulanfängerInnen
- Segensgeschenk Sonnenstrahl
- Lied
- Fürbittengebet/Vaterunser/Segen
- Schlusslied

Liturgie

Lied: Masithi-Amen

Gott, wir preisen dich.
Wir singen dir fröhliche, neue Lieder.
Alles tanzt und singt in uns.
Wir wollen dir danke sagen
für alles Schöne, was du uns geschenkt hast.

Lied: Masithi-Amen

Gott, wir preisen dich.
Wir singen dir fröhliche, neue Lieder.
Du hast uns nicht vergessen.
Du bist immer bei uns, Tag und Nacht.
Du hörst uns, wenn wir zu dir rufen.

Lied: Masithi-Amen

Gott, wir preisen dich.
Wir singen dir fröhliche, neue Lieder.
Was du gemacht hast, ist wunderbar,
deine Hand beschützt alles,
was es auf der Erde gibt.

Lied: Masithi-Amen

Gott, wir preisen dich.
Wir singen dir fröhliche, neue Lieder.
Jeder, der auf der Erde wohnt, soll singen.
Das Meer soll zu deiner Ehre brausen.
Die Flüsse und Bäche sollen rauschen.
Alles Lebendige auf der Erde soll sich freuen
und in die Hände klatschen.

Lied: Masithi-Amen

(nach Psalm 145)

Gebet

Lieber Gott, heute ist ein ganz besonderer Tag für uns.
Es ist der erste Schultag nach den Sommerferien.
Für viele von uns ist es sogar der erste Tag in der Schule.
Wir sind ganz gespannt und sogar ein bisschen aufgeregt.
Wir überlegen und fragen uns, wie das alles so wird
mit dem Lernen, Lesen, Rechnen und Schreiben.
Den Eltern, Lehrern und Lehrerinnen geht das ganz genauso.
Gut, dass wir dir das alles sagen dürfen.
Gut, dass wir so zu dir kommen dürfen, wie wir sind.
Du willst jeden Tag bei uns sein wie ein guter Freund.
Dafür sagen wir dir: Danke!
Amen.

Fürbittengebet

(LiturgIn:)
Lieber Gott,
es ist schön, dass du mit deinem Segen für uns da bist.
Unter deinem großen Himmelszelt sind wir nicht allein.
Weil du uns segnest, können wir aufatmen,
können wir lachen und fröhlich sein,
können wir tanzen und dir ein Loblied singen.
Unser Platz ist bei dir.

Das hat Jesus allen gezeigt, als er zu den Menschen ging und uns segnete.

Deshalb bitten wir dich:

(Schulkind:)

Sei du mit deinem Segen an unserer Seite, auf jedem Weg, den wir gehen, auch auf unserem Weg durch die Schulzeit.

Umhülle uns an jedem neuen Tag mit deinem wärmenden Schutzmantel.

Berühre unseren Körper wie ein wärmender Sonnenstrahl.

Nimm uns an die Hand wie ein guter Freund oder Freundin.

Sende uns dein Licht, wenn es auch einmal schwierig in der Schule wird und wir traurig sind, wenn es mal nicht so gut mit dem Lernen klappt, wie wir uns das wünschen.

(Eltern:)

Sei du mit deinem Segen an unserer Seite.

Hilf uns, unsere Kinder freizugeben in die neue Welt der Schule.

Schenke uns Geduld und Zeit, um zu hören und zu fragen.

Lass uns unsere Kinder genau mit den Fähigkeiten und Begabungen annehmen, die du ihnen geschenkt hast.

(LehrerIn:)

Sei du mit deinem Segen an unserer Seite.

Schenke uns die Kraft, liebevoll und gerecht für die Kinder in unserer Klasse da zu sein.

Schenke uns beim Lehren einen langen Atem, Augen, die niemanden übersehen, Ohren, die niemanden überhören, und ein Herz, das die Kinder annimmt, so wie sie sind.

Guter Gott, lass uns das neue Schuljahr fröhlich und mit neuer Kraft beginnen.

Amen.

Beispiele für Segenssprüche

Gott segnet dich
wie eine Mutter, die dich in ihre Arme schließt.
Gott segnet dich
wie ein Vater, dessen starker Arm dich trägt.

Gott segnet dich
Er wärmt dich wie ein Vogel seine Jungen im Nest.
Gott segnet dich
mit klarem Wasser, das deinen Durst löscht.
Gott segnet dich
Er gibt auf dich Acht wie ein Hirte auf seine Schafe.
Gott segnet dich mit einem Windhauch, der deine Wange strei-
chelt.

Lieder

Masithi-Amen (LJ 406)
Lasst die Kinder zu mir kommen (EG 606 Ausgabe Rheinland/
Westfalen/Lippe)
Gottes Liebe ist wie die Sonne (LfK B 31/MLB 18)
Gottes Hand hält uns fest (MKL 12)
Wir singen vor Freude (MKL 152)

Ich schenk dir einen Sonnenstrahl

Text: Rolf Krenzer, Melodie: Detlev Jöcker, aus: Buch, CD und MC »Elefantis
Liederwiese«, © Menschenkinder Verlag, Münster/Westfalen.

Der Text

(Kinder der vierten Klasse spielen eine Szene zum Text.)
(mehrere Kinder = K/M = Magdalena/ein Erwachsener = E)

(Die Kinder kommen mit einem großen Tuch in die Mitte und tanzen zum Lied: Gottes Liebe ist wie die Sonne. Ein Erwachsener kommt dazu und spricht die Kinder an.)

E: Hallo, Kinder! Ihr seid ja so fröhlich.

K: Wir haben auch Grund dazu. Wir haben einen neuen Freund.

E: Einen neuen Freund? Das ist ja interessant! Wie seid ihr denn an den gekommen? Wie heißt er? Und wer ist er?

K: Er heißt Jesus und ist mächtig nett zu uns gewesen. Das muss man wirklich sagen. Ihr großen Leute seht uns Kinder ja manchmal gar nicht. Bei Jesus war das ganz anders!

E: Das ist ja richtig spannend. Erzähl doch mal, was habt ihr denn mit ihm erlebt?

K: Wir waren gerade dabei, Verstecken zu spielen, als das halbe Dorf aufgeregt an uns vorbeilief! »Jesus ist im Dorf, Jesus ist im Dorf«, haben sie immerzu gerufen.

K: »Da müssen wir auch hin!«, hat Magdalena gesagt.

M: Wir sind den Erwachsenen einfach hinterhergerannt.

E: Und dann?

M: Dann waren wir zuerst enttäuscht.

E: Warum denn das?

K: Hinter dem breiten Rücken der Erwachsenen konnten wir wieder mal nichts sehen.

M: Sie haben uns zur Seite gedrängt und die Sicht versperrt. Aber Jesus hat das gemerkt. Er hat uns gewunken und gerufen: »Kinder, kommt zu mir!«

K: Es war gar nicht einfach, zu ihm zu kommen. Seine Jünger wollten uns nicht zu ihm durchlassen.

M: Sie haben sich uns in den Weg gestellt.

E: Das ist ja eine ganz schöne Frechheit.

K: Das kann man wohl sagen! Sie haben gerufen: »Was wollt ihr kleines Gemüse überhaupt hier? Von Gott versteht ihr sowieso nichts. Gott ist nur für Erwachsene da. Ihr kennt doch noch nicht einmal die 10 Gebote. Macht, dass ihr nach Hause kommt!«

E: Und Jesus? Was hat er dazu gesagt?

M: Er ist auf sie zugegangen und hat sie mit einer Handbewegung beiseite geschoben. Das Gerede der Leute verstummte und alle blickten gespannt auf ihn.

K: Du hättest eine Stecknadel fallen hören können, so leise war es plötzlich. Dann hat er uns bei den Händen genommen und zu den herumstehenden Leuten gesagt: »Merkt euch das gut! Ich mag Kinder! Ich habe Zeit für Kinder. Auch sie gehören zu Gott. Deshalb dürfen alle zu mir kommen, auch wenn sie noch nicht alles können.«

M: Danach hat er mir über den Kopf gestreichelt und gesagt: »Ihr seid wie kleine Sonnenstrahlen, die hell in unser Leben scheinen.« Und dann hat er uns gesegnet.

E: Gesegnet? Wie hat Jesus das gemacht?

M: Er hat seine Hand auf meinen Kopf gelegt und zu mir gesagt: »Magdalena, Gott beschütze dich wie eine Vogelmutter ihre Jungen. Du gehörst zu ihm. Er will immer bei dir sein.«

K: So hat er uns alle gesegnet und dann noch ein Lied von Gott mit uns allen gesungen, mit den großen und den kleinen Leuten.

E: Ist es das Lied, zu dem ihr eben so fröhlich getanzt habt?

K: Ja! Komm, mach mit! Es macht Spaß, es zu singen und dazu zu tanzen.

(Alle singen gemeinsam das Lied Gottes Liebe ist wie die Sonne. Die SpielerInnen tanzen dazu.)

Tanzbeschreibung

(Alle TänzerInnen fassen ein großes rundes gelbes Tuch an – gelb gefärbtes Betttuch oval abgenäht, oder gelber Futterstoff.)

Gottes Liebe ist wie die Sonne,
 Alle tanzen zum Rhythmus rechts herum.
sie ist immer und überall da.

Alle tanzen zum Rhythmus links herum.
Streck dich ihr entgegen,
Alle strecken die Arme nach oben und heben damit das Tuch hoch.
nimm sie in dich auf!
Alle führen die Hände mit dem Tuch wieder nach unten.
(Bei den anderen Strophen wird analog getanzt.)

Kurzansprache

Liebe Kinder, liebe Eltern, Lehrer und Lehrerinnen,
Jesus hat, wie wir eben gehört und gesehen haben, die Kinder zu sich gerufen, sie gesegnet und sie als Sonnenstrahlen für die Welt bezeichnet. Wenn ihr Kinder ab heute einen neuen Weg in der Schule beginnt, dann könnt ihr euch jeden Tag daran erinnern, wie wichtig ihr für Jesus seid. In der Schule werdet ihr viel Neues lernen und erfahren. Lesen, rechnen, schreiben, und das ist längst noch nicht alles. Oft wird es euch Spaß machen, in die Schule zu gehen. Manchmal werdet ihr auch denken: Das ist ganz schön viel Arbeit. Bei allem, was ihr erlebt, wisst: Gott ist bei euch mit seinem guten Segen.
Deshalb dürft ihr jetzt auch nach vorne kommen und euch segnen lassen.

Segnung der SchulanfängerInnen

Alle Kinder kommen mit ihren KlassenlehrerInnen nach vorne und bilden – wenn möglich, im Altarraum – einen großen Kreis. Unter Handauflegung wird ihnen der Segen Gottes zugesprochen.

Segensgeschenk Sonnenstrahl

PfarrerIn hält eine große, runde Sonnenscheibe hoch und motiviert die Kinder zu einem Gespräch. Die Kinder merken, dass der Sonnenscheibe die Strahlen fehlen.
Jedes einzuschulende Kind erhält nun einen aus Tonpapier aus-

geschnittenen Sonnenstrahl, versehen mit seinem Namen und einem Segensspruch. Die Sonnenscheibe kann mit den einzelnen Sonnenstrahlen im Anschluss an den Gottesdienst vervollständigt werden. Es ist möglich, mit den Kindern zu thematisieren, wie wichtig es ist, in einer guten Klassengemeinschaft zu leben. Die Sonne schmückt den Klassenraum und erinnert an den Einschulungsgottesdienst.

Gottesdienst zum Jahresbeginn zum Thema: »Getrost auf dem Weg« in Verbindung mit Josua 1,1–9; 4 i.A.

Leitmotiv

Kinder gehen in ihrem Leben Wege, auf denen sie Grenzen überschreiten. Mit dem Wiederbeginn der Schule im neuen Jahr bietet es sich an, die Erfahrung von Grenzüberschreitungen in einem Gottesdienst zu thematisieren. Die Kinder erfahren in der Begegnung mit Josua, sich immer wieder neu des Schutzes Gottes und der Bewahrung durch ihn zu vergewissern.

Benötigte Materialien

- ein Koffer mit folgenden Dingen: Taschenlampe, Flasche Wasser, Brot, Tüte mit Samen, Bibel
- Korb mit Kieselsteinen (einen Stein je Kind) mit der Aufschrift GIMD
- ein Rabe als Handpuppe
- eine große Schriftrolle, bestehend aus: zwei Besenstielen, Tapetenbahn oder mehreren aneinander geklebten Bögen DIN A0 mit vier gemalten Bildern zur Geschichte von Josua 1,1–9; 4 i.A.

Ablauf

- Begrüßung
- Eingangslied
- Psalm
- Lied
- Gespräch beim Kofferpacken

- Lied: Halte zu mir, guter Gott
- Bildergeschichte zu Josua 1,1-9; 4 i.A.
- Die Erinnerungssteine
- Die Reise beginnt
- Lied: Gott sagt uns immer wieder
- Fürbitten/Vaterunser/Segen

Liturgie

Psalm im Wechsel gesprochen

Er hat seinen Engeln befohlen, dass sie dich behüten
auf allen deinen Wegen, dass sie dich auf den Händen tragen
und du deinen Fuß nicht an einen Stein stößt.

Alle Zeit steht in Gottes Hand.
Jede Minute, jede Stunde ist von ihm geschenkt.
Mit jedem Tag beginnt etwas neu,
in der Schule oder zu Hause, da, wo ich gerade bin.
Wenn der Tag zu Ende geht, weiß ich nicht,
was der nächste Tag bringen wird.
Das macht neugierig, aber manchmal auch ängstlich.
Dann ist es gut zu wissen:

Er hat seinen Engeln befohlen, dass sie dich behüten
auf allen deinen Wegen, dass sie dich auf den Händen tragen
und du deinen Fuß nicht an einen Stein stößt.

Alle Zeit steht in Gottes Hand.
Jedes neue Jahr, jeder Tag, jede Woche,
jeder Monat darin ist von ihm geschenkt.
Wie ein weites Land mit vielen unbekannten Wegen
liegt das neue Jahr vor mir.
Freudig versuche ich mir vorzustellen,
was schön sein wird.
Ein wenig ängstlich denke ich daran,

was traurig sein könnte.
Gespannt bin ich darauf, was ich alles Neues ausprobieren kann.
Gott wird bei allem dabei sein.
Bei ihm bin ich geborgen für alle Zeit.

Er hat seinen Engeln befohlen, dass sie dich behüten
auf allen deinen Wegen, dass sie dich auf den Händen tragen
und du deinen Fuß nicht an einen Stein stößt.

(nach Psalm 91,11+12)

Fürbittengebet

Lieber Gott,
mit einem neuen Jahr schenkst du uns ganz viel Zeit.
Wir freuen uns darauf, denn es wird viel Neues für uns
zu entdecken geben.
Danke, lieber Gott, für die vielen neuen Tage,
die du uns schenkst.
Wir rufen zu dir:
Liedruf: Halte zu mir, guter Gott

Wir bitten dich: Vertreibe Kummer und Angst.
Schenke uns Mut und ein fröhliches Herz
für all das, was wir erleben werden.
Wir rufen zu dir:
Liedruf: Halte zu mir, guter Gott

Wir bitten dich aber auch für andere Menschen.
Für die Großen und Kleinen,
denen es nicht so gut geht wie uns.
Lass sie spüren, dass wir an sie denken
und auch du sie nicht alleine lässt.
Wir rufen zu dir:
Liedruf: Halte zu mir, guter Gott

Segen

Gott segnet euch.
Er hält euch fest wie die Hand eines Freundes, einer Freundin.
Er schützt euch wie der starke Arm eines Vaters.
Er tröstet euch wie das wärmende Herz einer Mutter.

Lieder

Gott sagt uns immer wieder (KG 216; LJ 542)
Halte zu mir, guter Gott (LJ 549; KG 8; MKL 52)
Bewahre uns, Gott, behüte uns, Gott (EG 171)
Von der Zärtlichkeit Gottes (MKL 2 11)
Geh den Weg, geh den Weg (MKL 2 35)
Du bist da, wo Menschen leben (LJ 498)

Gespräch beim Kofferpacken

Ein Mensch steht im Altarraum und packt Dinge, die auf dem Boden liegen, in einen geöffneten Koffer. Währenddessen kommt ein Rabe angeflattert. Die beiden beginnen ein Gespräch.

R = Rabe/M = Mensch

R: *(Der Rabe schaut dem Menschen beim Kofferpacken zu und spricht, zu den Kindern gewendet:)* Na, das ist ja ein Ding. Ein Koffer in der Kirche. Habe ich ja noch nie gesehen.
(Der Rabe flattert auf den Menschen zu und pickt ihn mit dem Schnabel an der Schulter. Erschrocken schaut der Mensch hoch.)
M: Na, das ist ja ein Ding. Ein Rabe in der Kirche. Habe ich ja noch nie gesehen. Was machst du denn hier?
R: Ich bin ja sonst oft auf dem Schulhof. Aber heute war ich neugierig und wollte wissen, wohin die Kinder gehen. Da bin ich einfach hinter ihnen her geflattert. Gehörst du hier in die Kirche?
M: Ja, das kann man so sagen.
R: Warum packst du denn hier einen Koffer? Gehört so etwas in die Kirche?

M: Na ja, ich reise ins neue Jahr. Das ist ganz schön lang. Wenn ich unterwegs bin, dann muss ich doch auch etwas mitnehmen.

R: Da hast du Recht. Aber was soll all das komische Zeug, das du da einpackst? Ich dachte, ihr Menschen nehmt Kleider und Waschzeug mit, wenn ihr verreist.

M: Du bist ein schlaues Kerlchen.

R: Das weiß ich. Deshalb will ich auch immer alles ganz genau wissen. Also, wozu brauchst du denn eine Taschenlampe?

M: Die ist ganz wichtig. Manchmal kann man unterwegs von der Dunkelheit überrascht werden. Dann brauche ich das Licht, damit ich was sehen kann und nicht hinfalle.

R: Ah, ganz schön schlau, ich verstehe. Aber Wasser in einem Koffer?

M: Warst du noch nie wandern?

R: Nö! Ich fliege bloß immer durch die Gegend.

M: Aber das ist doch so ähnlich. Wenn man wandert oder fliegt, dann wird man durstig.

R: Stimmt!

M: Siehst du! Deshalb ist es gut, einen Schluck Wasser dabei zu haben.

R: Darauf wäre ich von alleine nicht gekommen. Aber jetzt weiß ich was. Das Brot hier kann dann nur Wegzehrung für dich sein, stimmt's?

M: Stimmt, diesmal hast du gar nicht so schlecht geraten.

R: Aber eine Tüte Samen? Hier steht mein Rabenhirn völlig auf dem Schlauch!

M: Na ja, ich habe mir gedacht, dass ich etwas aussäen will in diesem neuen Jahr, damit etwas wachsen kann, z.B. Blumen. Blumen bringen Freude, wenn ich sie verschenke. Ich selbst freue mich auch, wenn mir jemand Blumen schenkt.

R: Das ist eine tolle Idee. Aber wozu brauchst du denn dieses dicke Buch? Wie willst du das denn da alles lesen, was darin steht? Es sieht jedenfalls ganz schön alt und verstaubt aus.

M: Das sieht vielleicht so aus. Aber verstaubt sind die Geschichten ganz und gar nicht, die darin stehen. Sie sind zwar alt, aber total interessant.

R: Ja? Was ist das denn für ein Buch?

M: Das ist die Bibel. In ihr stehen Geschichten, die Menschen mit Gott erlebt haben. Die erinnern mich daran, dass ich keinen einzigen Tag allein bin in diesem neuen Jahr. Denn Gott ist wie ein guter Freund, der mit mir geht. Ich weiß zwar noch nicht genau, wohin mich der Weg durch das neue Jahr führt. Was ich alles erleben werde, weiß ich auch noch nicht. Das macht nichts. Ich bin, wie du jetzt weißt, nicht allein. Daran kann ich denken, wenn es schön ist und ich unterwegs Spaß habe. Aber auch wenn es mal nicht so klappt, wie ich mir das wünsche, ist er da.
R: Das ist ja ein toller Freund, dein Gott. Woher weißt du, dass er Wort hält und du dich auf ihn verlassen kannst?
M: Das weiß ich hieraus. (Bibel wird hochgehalten) Komm, setz dich einmal her. Ich erzähl dir eine Geschichte von jemandem, dem es ähnlich ging wie uns beiden. Sein Name ist Josua.

(Bildergeschichte zu Josua 1,1-9; 4 i.A. wird erzählt mit Bildern auf einer großen, für alle sichtbaren Schriftrolle.)

(Bild 1: Josua steht am Jordan) Vierzig Jahre waren vergangen, als das Volk Israel mit Mose an der Spitze aus Ägypten herausgezogen war. Nachdem Mose gestorben war, führte Josua das Volk weiter.
Josua stand abseits vom Lager entfernt und dachte nach. Von seinem Platz aus konnte er den Jordan sehen.

(Bild 2: Die befestigte Stadt Jericho)
Dahinter lag das Land, das Gott dem Volk versprochen hatte. Das Land Kanaan. Wie sollten sie bloß da hinüberkommen? Kein Weg war zu sehen. Von den Kundschaftern, die er ausgesandt hatte, wusste er, wie fest das Land verschlossen war. Es wurde von Königen beherrscht und hatte befestigte Städte. Sie waren umgeben mit hohen Mauern und Türmen. Josua fürchtete sich. Wie sollte er das Volk Israel in dieses Land hineinführen? Wohin würde der Weg sie führen? Was würde alles geschehen? Doch während Josua so da stand, hörte er plötzlich Gottes Stimme, die sprach zu ihm: »Josua, zieh über den Jordan. Geh in dieses Land hinein. Ich habe es euch gegeben. Ihr sollt darin wohnen.

Du brauchst keine Angst zu haben. Du weißt, ich bin mit Mose gewesen. So will ich auch mit dir sein. Ich werde dich auf deinem Weg nicht verlassen. Ich weiche nicht von deiner Seite. Hab Mut und verzage nicht. Wenn du dich an mich und meine Gebote hältst, wird es dir gelingen.«

(Bild 3: Josua im Lager der Israeliten)
Josua ging zurück ins Lager. Er bereitete das Volk darauf vor, durch den Jordan zu ziehen.
Da machten sich alle bereit. »Morgen ziehen wir durch den Jordan und Gott wird uns vorangehen.« Da brachen die Israeliten ihre Zelte ab und zogen mit allem, was sie besaßen, zum Jordan.

(Bild 4: Das Volk Israel zieht durch den Jordan)
So zogen sie mit Gottes Hilfe durch den Fluss und kamen gesund mit Kindern, Vieh und Gepäck am anderen Ufer an. Zwölf Männer hatten Steine aus dem Flussbett mitgebracht. Daraus baute Josua ein Steinmal. Das sollte die Kinder Israels daran erinnern, wie Gott das Volk ins Land Kanaan geführt hatte.
Da feierten sie miteinander das Passahfest, wie zu Beginn des Weges beim Auszug aus Ägypten. Sie dankten Gott, der sie auf dem langen Weg nie allein gelassen hatte.

Die Erinnerungssteine

R: Du, deine Geschichte hat mir gefallen. Sag mal, darf ich ein Stück mit dir fliegen auf deiner Reise durch das neue Jahr? Dann leiste ich dir ein bisschen Gesellschaft. Vielleicht hast du noch mehr solche Geschichten auf Lager.
M: Ist doch klar. Ich wollte dich und die Kinder sowieso einladen, ein Stück mitzugehen. Ich habe für euch auch Reisegepäck mitgebracht.
(Ein Korb mit Kieselsteinen wird in die Mitte gestellt.)
R: Was ist das denn schon wieder? Wozu brauchst du denn die vielen Steine hier? Da steht ja auch noch so was Komisches drauf: »GIMD«. Ist das eine Geheimsprache?

M: So was Ähnliches. Es ist eine Abkürzung. Denk dabei mal an das, was Gott dem Josua versprochen hat. Vielleicht kommst du dann darauf.
R: Das »G« könnte »Gott« bedeuten.
M: Sehr gut! Das »I« heißt »ist«.
R: Gott ist, hm ... Kinder, jetzt müsst ihr mir weiterhelfen.
(Die Kinder sollen versuchen, die Abkürzung zu vervollständigen. Sie lautet: Gott ist mit dir.)

Die Reise beginnt.

Die Kinder werden zu einem Prozessionszug durch die Kirche eingeladen. Der Weg führt sie nach vorne in den Altarraum. Dort erhalten sie vom Raben einen Erinnerungsstein für ihre Reise durch das neue Jahr. Danach begeben sie sich wieder auf ihren Platz. Während der Prozession wird das Lied gesungen: »Gott sagt uns immer wieder, dass man's nie vergisst, wo wir gehn, wo wir stehn, dass er bei uns ist.« Die Prozession wird von einem Erwachsenen angeführt, damit nicht alle Kinder gleichzeitig nach vorne laufen.

Ostergottesdienst zum Thema: »Im Garten des Lebens« in Verbindung mit Johannes 20,1–18

Leitmotiv

Die christliche Hoffnung auf Leben hat ihren Grund darin, dass Jesus Christus nicht im Tod geblieben ist. Ostern vollzieht sich in der Bewegung von Dunkelheit zum Licht. Der Ort der Trauer wird zu einem Ort der Freude. Nur als nachösterliche Menschen mit dem staunenden Glauben über die Botschaft des Lebens können wir etwas von der nicht mit dem Verstand greifbaren Verkündigung erfahrbar machen. Ostern kann nicht verstanden, Ostern kann nur gefeiert werden.

Benötigte Materialien

Altarbibel, Osterkerze, großer Stein, grüne Zweige und Blumen, gelber, grüner, roter, orangener, blauer, brauner und schwarzer Futterstoff, CD-Player, Musik zur Erzählpantomime

Ablauf

- Begrüßung
- Eingangslied
- Psalm (Schmücken des Altares)
- Klage (Ein Stein wird hereingetragen)
- Lob (Lied: Als Jesus gestorben war)
- Erzählpantomime zur Osterbotschaft
- Bewegungslied: Du verwandelst meine Trauer in Freude
- Fürbittengebet/Vaterunser/Segen
- Schlusslied

Liturgie

Psalm

Kommt, lasst uns alle fröhlich sein!
Heut ist der Tag, den Gott gemacht hat.

Gott macht es hell und warm in unserem Leben.
Gott verscheucht die dunkle Nacht.
Die Sonne geht wieder auf und scheint in unser Herz.
(Ein großes gelbes Tuch wird hereingetragen und auf den Altar
gelegt.)

Kommt, lasst uns alle fröhlich sein!
Heut ist der Tag, den Gott gemacht hat.

Gott kommt zu uns mit seinem Geist.
Traurige Herzen werden verwandelt.
Tränen werden getrocknet.
Stockender Atem kann wieder fließen,
und der Mund kann wieder voller Lachen sein.
(Die Bibel und eine angezündete Kerze werden hereingetragen und
zum Altar gebracht.)

Kommt, lasst uns alle fröhlich sein!
Heut ist der Tag, den Gott gemacht hat.

Gott ruft das Leben.
Grüne Blätter wachsen an den Zweigen.
Blumen durchbrechen die Erde.
Knospen beginnen zu blühen in wunderschönen Farben.
Vögel stimmen ein in ihr Lied.
Das lässt Gott mich sehen, hören, riechen, fühlen und schme-
cken. Macht alles bereit für das Fest, dass wir Gottes Taten ver-
künden.
(Blumen und grüne Zweige werden hereingetragen und auf den
Altar gelegt.)

Kommt, lasst uns alle fröhlich sein!
Heut ist der Tag, den Gott gemacht hat.

Klage

Lieber Gott, manchmal stehe ich da
und bin trotzdem traurig.
Ich sehe nicht die blühenden Bäume.
Die duftenden Blumen rieche ich nicht.
Die Vögel in den Zweigen scheinen mir stumm zu sein.
Ich fühle die wärmenden Sonnenstrahlen nicht.
Dann fühle ich mich allein.
Mein Herz ist so schwer wie der große Stein vor Jesu Grab.
Schickst du wirklich das Leben?
Lieber Gott, lass mich spüren, dass du da bist.
*(Ein großer Stein wird hereingetragen und in die Mitte vor den
Altar gelegt.)*

Lob

Gott hört unsere Fragen.
Gott sagt: Ich lasse dich nicht aus meinen Augen.
Ich stütze und tröste dich.
Ich sende dir wieder dein Lachen.
Ich will dich zur Freude verwandeln.
(Lied: Als Jesus gestorben war)

Fürbittengebet

Guter Gott, du kannst alles verwandeln – auch uns.
Du hast den schweren Stein vom Grab weggerollt.
Du nimmst auch den schweren Stein von unserem Herz.
Du versprichst uns neues Leben wie in einem Garten, der blüht.
Darum bitten wir dich für alle Menschen,
die traurig sind und Angst haben.
Schicke auch zu ihnen deine starken hellen Lichtstrahlen.
Deshalb zünden wir ein Licht an für alle Menschen, die traurig
sind:

ein Licht für die Kinder, die kein Zuhause haben,
ein Licht für die Menschen, die nicht genug zu essen haben,
ein Licht für die Leute, bei denen Krieg ist,
ein Licht für die Kranken im Bett,
ein Licht für die Alten im Heim,
Lichter für große und kleine Leute,
ein Licht für deine Schöpfung und die Welt.
Amen.

Lieder

Wir wollen alle fröhlich sein (EG 100)
Er ist erstanden, Halleluja (EG 116)
Du verwandelst meine Trauer in Freude (MKL 9)
Als Jesus gestorben war (LfK2 72)
Alle Knospen springen auf (LfK2 86)
Der Herr ist auferstanden (LfK2 81)

(Zur Osterkerze werden Lichter getragen für die Menschen, die im Fürbittengebet erwähnt sind.)

Erzählpantomime zur Geschichte: Im Garten des Lebens

*(Sechs Kinder mit schwarzen Umhängen spielen die Nacht.
Sechs Kinder mit gelben Umhängen spielen die Lichtstrahlen.
Maria mit braunem Umhang.
Drei Kinder mit Umhängen in den Farben Orange, Rot und Blau
spielen die Blumen.
Drei Kinder mit grünen Umhängen spielen die Bäume.)*

(ErzählerIn:) An einem Freitag, den wir Karfreitag nennen, da musste Jesus, der Freund der großen und kleinen Leute, sterben. Sie hängten ihn ans Kreuz, weil viele Leute neidisch auf seine Taten schauten. Sie verstanden nicht, warum er zu allen freundlich war. Sie begriffen nicht, warum er die Menschen so lieb hatte und so wundersame Geschichten von Gott erzählte. Sie ärgerten sich darüber, dass er gütig war zu allen, die Böses taten.

Als Jesus starb, wurde der Himmel dunkel wie die Nacht. Gott war traurig und zornig und die Sonne verhüllte am hellen Tag ihr Gesicht. Alle, die ihn lieb hatten, weinten. Der Freund der Menschen lebte nicht mehr. Wer sollte ihnen nun von Gott erzählen? Voll Trauer warfen sich viele auf die Erde. Sie bedeckten ihr Gesicht mit dunklen Tüchern oder bestreuten sich mit Asche. Andere hatten Angst und liefen fort.

s	= schwarz	b	= blau
g	= grün	M	= Maria
ge	= gelb	o	= orange
r	= rot		

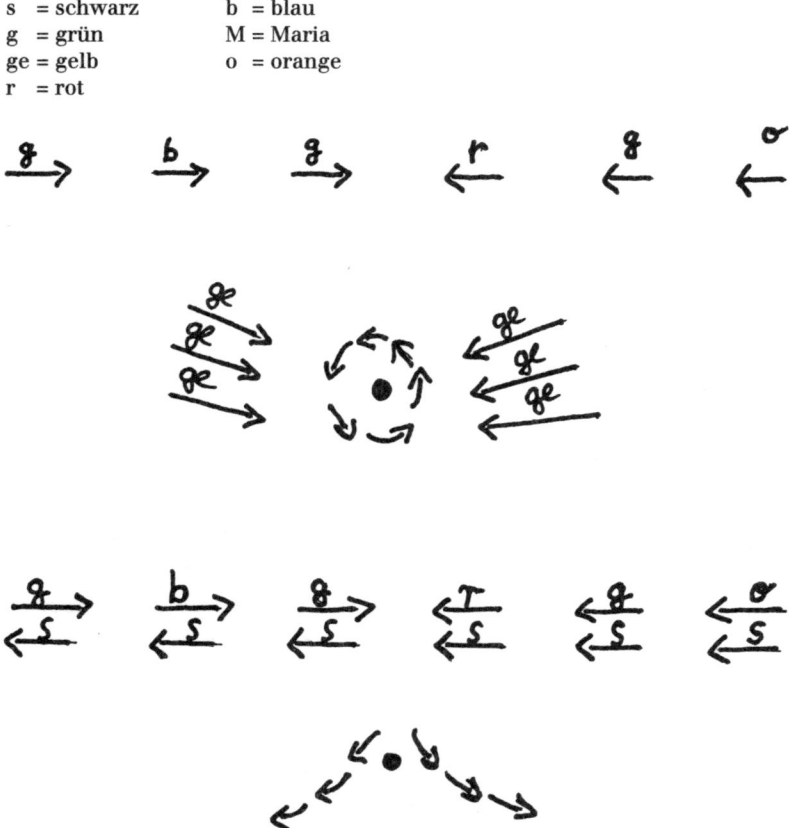

(Zur Musik kommen zuerst von beiden Seiten die Kinder mit den grünen, orangenen, roten und blauen Umhängen herein. Sie stellen sich hinter der Mitte, die durch einen großen Stein markiert *ist, auf. Danach laufen ebenfalls von beiden Seiten je drei Kinder mit gelben Umhängen in die Mitte, bilden einen Kreis und fassen sich dabei an den Händen. Anschließend erscheint die Nacht. Die Kinder bilden eine Wand, die sich hinter der Sonne aufbaut und die Blumen und Bäume dabei verdeckt. Die Sonne geht unter. Dabei begeben sich die Kinder mit den gelben Tüchern in die Hocke und laufen sodann zu beiden Seiten davon.)*

(ErzählerIn:) Zwei Tage vergingen. Alles war wie tot. Da begann es, irgendwo, als die Nacht noch dunkel war. Ein kleiner Lichtstrahl suchte sich seinen Weg. Er schien ganz zart in ein trauriges Herz.

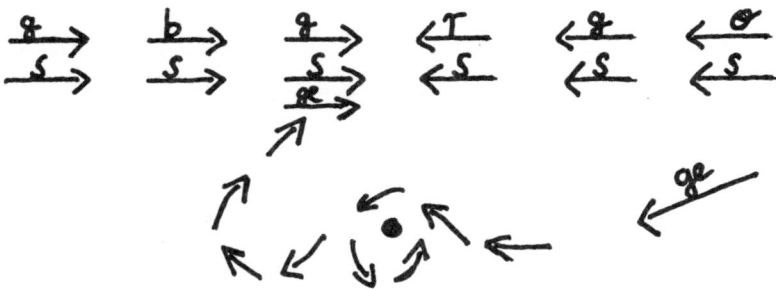

(Zur Musik wird die Osterkerze in die Mitte getragen und angezündet. Ein Sonnenstrahlenkind kommt herbeigelaufen. Es umkreist einmal den großen Stein in der Mitte sowie die Osterkerze und läuft von dort zurück zur Mauer der Nacht, bleibt vor einem Nachtkind mit ausgebreiteten Armen und dem Rücken zur Mitte stehen, sodass das gelbe Tuch ganz sichtbar wird.)

(ErzählerIn:) Der Sonnenstrahl blieb nicht allein. Es kamen ganz viele. Die Sonne begann wieder zu scheinen. Sie verscheuchte die dunkle Nacht.

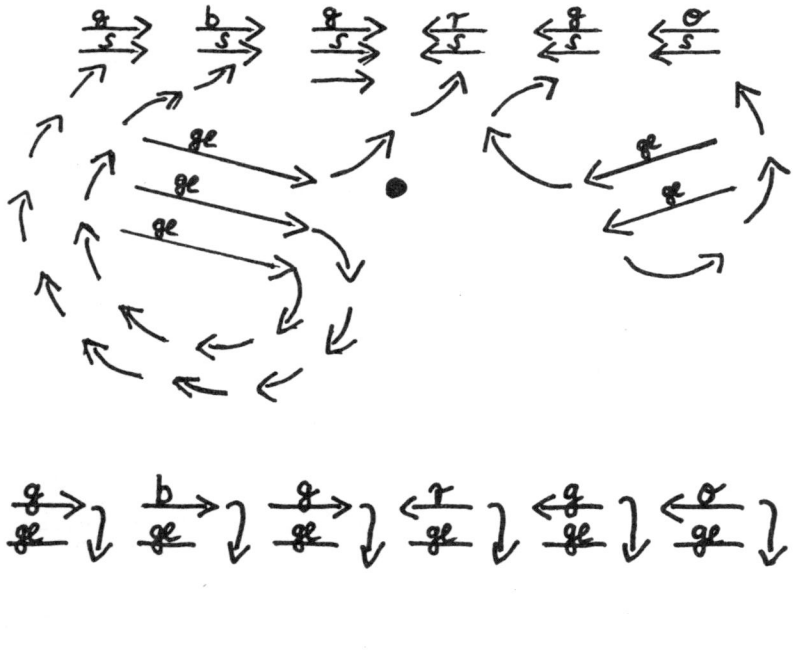

*(Zur Musik kommen die anderen Sonnenstrahlenkinder von bei-
den Seiten gelaufen und verscheuchen die Nachtkinder. Die Sonnenstrahlen stellen sich nun in gleicher Weise wie das erste Sonnenstrahlenkind auf und lassen dabei langsam die Arme nach
unten sinken. Während dessen treten die Kinder, die die Blumen
und Bäume darstellen, von hinten zwischen die einzelnen Sonnenstrahlen.)*

(ErzählerIn:)
Ein Sonnenstrahl schien auch in Marias Herz. Sie war in den
Garten zum Grab Jesu gekommen, um seinen toten Körper zu
salben. Der Stein war weg. Das Grab war leer.

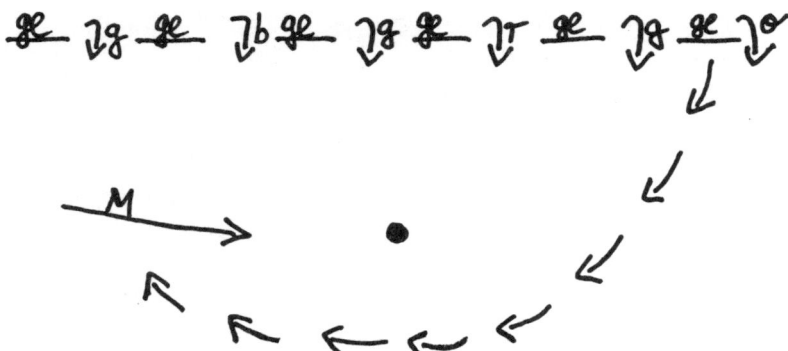

(Zur Musik kommt Maria langsam und geht auf die Mitte zu. Sie stellt sich zusammengekauert hin. Ein Sonnenstrahlenkind kommt auf Maria zugelaufen und stellt sich hinter sie. Maria richtet sich auf.)

(ErzählerIn:) Maria sah die Farben der Blumen, rot-orange wie die aufgehende Sonne, gelb wie ihr strahlendes Licht und blau wie das Wasser. Sie sah die Farben der Bäume, zartgrün, grün wie ein Hoffnungsschimmer. Wo alle Hoffnung begraben schien, blüht und sprießt es. Marias Herz wird wieder froh. Jesus lässt sie nicht allein dort stehen. Das verwandelt ihre Trauer in Freude.
(Die Kinder, die die Blumen und Bäume darstellen, treten nach vorne und stellen sich im Halbkreis um den Stein in der Mitte.)

(ErzählerIn:) Ein Sonnenstrahl erreicht auch unser Herz. Er verscheucht auch unsere dunkle Nacht. Die Angst verschwindet. Es wird warm und hell. Wir atmen durch. Wir spüren die klare Luft.

(Die Kinder im Gottesdienstraum werden dazu ermuntert, aufzustehen und tief durchzuatmen, so wie Maria vorne.)

(ErzählerIn) Wir strecken uns aus, wie die Blumen und Bäume dem Licht entgegen. Gott verwandelt uns.

(Die Kinder im Gottesdienstraum werden dazu ermuntert, sich wie die Blumen und Bäume auszustrecken.)

Gott kann aus der Wüste einen Garten machen. Er verwandelt alles, was lebendig ist, zu neuem Leben. Unser Herz wird froh. Wir bekommen neuen Mut.

Alle stimmen in das Bewegungslied ein: Du verwandelst meine Trauer in Freude.

Du verwandelst meine Trauer in Freude.	Ausgangsstellung ist eine gekrümmte, verschlossene Haltung. Die Haltung wird durch Aufrichten und Öffnen der Arme gelöst.
Du verwandelst meine Ängste in Mut.	Ausgangsstellung ist eine abwehrende Haltung. Die Hände zeigen abweisend mit den Handflächen nach vorne. Der Mund ist vor Schreck geöffnet. Die Arme werden zur Seite hin geöffnet und angewinkelt. Eine mutmachende Geste, die Stärke ausdrückt, wird gezeigt.
Du verwandelst meine Sorge in Zuversicht.	Ausgangsstellung ist eine sorgenvolle Haltung. Die Hände können dabei das Gesicht verdecken. Die Haltung wird aufgelöst durch seitliches Öffnen der Arme hin zu den nebenstehenden Nachbarn. Dabei werden die Hände den jeweiligen Nachbarn stärkend in den Rücken gelegt.
Guter Gott! Du verwandelst mich.	Aus der rückenstärkenden Position heraus nimmt jeder die Arme nach vorne und überkreuzt sie vor der Brust.

Pfingstgottesdienst zum Thema: »Gottes Geist kommt zu uns wie der Wind« in Verbindung mit Apostelgeschichte 2

Leitmotiv

Der Heilige Geist als eine der Seinsweisen Gottes ist eine Größe, die nicht nur für Kinder schwer begreifbar ist. Vielleicht ist Pfingsten auch deshalb als christliches Fest in den Hintergrund gerückt. Umso wichtiger ist es, Kinder in die Begegnung mit diesem Fest zu bringen. Um das allerdings begreifen zu können, muss es zu Erfahrungen mit dem Heiligen Geist kommen. Das Bildmotiv des Windes aus der Pfingstgeschichte bietet hier einen guten Anknüpfungspunkt.

Benötigte Materialien

Pro Gottesdienstteilnehmer Papier zum Falten eines Fächers in der Größe 15 x 42 cm (halbiertes DIN-A3-Blatt quer gefaltet) Zur Verklanglichung einer Geschichte C-Flöte, Alt- oder Bassflöte, Triangel, Geläut, Ocean drump, ein aus Tapetenbahn gefalteter Fächer

Ablauf

- Begrüßung
- Eingangslied
- Eingangspsalm im Wechsel gesprochen
- Klage und Lob
- Lied
- Die Pfingstgeschichte mit Dias von Kees de Kort erzählt und verklanglicht

- Aktionsphase: Gottes Geist weckt auf
- Basteln eines Fächers
- Fürbittengebet/Vaterunser/Segen
- Schlusslied

Liturgie

Psalm

A: Jesus spricht:
Ihr werdet stark sein.
Ich sende meinen Geist zu euch.
Er wird euch begeistern
und ihr werdet von meinen Taten und meinem Leben erzählen.

B: Gott, du berührst mich mit deinem Geist,
manchmal ganz sacht, wie der sanfte Hauch des Windes,
manchmal kräftig, wie ein plötzlich aufkommender Sturm.
Wenn ich das fühle, dann freue ich mich.
Ich fühle mich ganz lebendig.
In mir wächst eine neue Begeisterung.
Ich möchte tanzen, mal langsam, mal schnell.
Ich möchte singen und in die Hände klatschen.
Ich bin so begeistert, dass ich Luftsprünge mache
und vor Freude dabei jauchze.

A: Jesus spricht:
Ihr werdet stark sein.
Ich sende meinen Geist zu euch.
Er wird euch begeistern
und ihr werdet von meinen Taten und meinem Leben erzählen.

B: Gott, du berührst mich mit deinem Geist,
manchmal ganz sacht, wie der sanfte Hauch des Windes,
manchmal kräftig und stark, wie ein aufkommender Sturm.
Meine Begeisterung darüber steckt andere an.

Ich tanze nicht mehr allein, ich singe nicht mehr allein
und klatsche auch nicht mehr allein in die Hände.
Auch andere machen plötzlich Luftsprünge und jauchzen dabei.
Dann kommt alles, was erstarrt und wie eingefroren war,
wieder in neue Bewegung.
Die Menschen, die vorher wie stumm waren,
finden plötzlich neue Worte.
Sie können wieder reden und lachen.
Sie erzählen deine Geschichten.

A: Jesus spricht:
Ihr werdet stark sein.
Ich sende meinen Geist zu euch.
Er wird euch begeistern
und ihr werdet von meinen Taten und meinem Leben erzählen.

Klage

Lieber Gott,
manchmal ist meine Begeisterung wie weggeblasen,
dann werde ich stumm und traurig,
dann suche ich nach deinem Geist
und spüre ihn aber nicht.
Dann mag ich nicht singen und tanzen
und schon gar nicht hoch in die Luft springen.

Lob

Gott spricht:
Ich komme zu dir wie ein sanfter Wind.
Ich komme zu dir mit der wärmenden Luft.
Ich komme zu dir wie der brausende Wind des Meeres.
Ich komme zu dir wie der tosende Wind des Sturmes.
Ich komme zu dir mit dem Hauch meines Atems
und mache so die Gestalt der Erde neu.

(nach Psalm 104,30)

Fürbittengebet

Lieber Gott,
durch deinen Geist verändert sich etwas in unserem Leben.
Wir sehen mit neuen Augen.
Wir hören mit neuen Ohren.
Wir fühlen mit neuem Herzen.
Dafür danken wir dir.
Wir bitten dich:
Lass uns immer wieder deinen guten Geist spüren.
Dann können wir andere anstecken mit unserer Begeisterung.
Dann können wir deinen Willen tun.
Dann können wir mit anderen, mit Kindern und Erwachsenen
so leben,
wie Jesus es uns gezeigt hat.
Amen.

Segen

Wie die Wolken am Himmel ziehen,
so kommt dein Segen zu uns.
Er berührt uns.
Er begeistert uns.
Er beschützt uns.

Lieder

Ein getanztes Lied: Sind zwei, sind drei in meinem Namen eins,
bin immer ich dabei

Text: Dieter Trautwein nach Mt 18,20, Melodie: Bayiga Bayiga, Kamerun
© beim Autor und Komponisten

Die Kinder stellen sich zu dritt in kleinen Kreisen auf und zählen jeweils von 1-3 durch.

1. Sind zwei,

   Nummer 1 klatscht mit der linken Hand an die rechte Hand von Nummer 3.

2. sind drei

   Nummer 1 klatscht mit der rechten Hand an die linke Hand von Nummer 2. Nummer zwei klatscht mit der rechten Hand an die linke Hand von Nummer 3.

3. in meinem Namen eins, bin immer ich dabei.

   Die Handflächen bleiben in Kontakt und alle tanzen rechts herum im Kreis.

4. Ich bin dabei.

   Nummer 1 hakt Nummer 3 unter. Beide drehen sich einmal um die eigene Achse. Nummer 2 klatscht im Takt 4-mal in die Hände.

5. Ich bin dabei.

   Nummer 1 hakt Nummer 2 unter. Beide drehen sich einmal um die eigene Achse. Nummer drei klatscht im Takt 4-mal in die Hände.

(Das Ganze wird wiederholt.)

Das Lied kann mit einem Außen- und einem Innenkreis getanzt werden. Dabei wandert der Außenkreis. Nummer 1 steht im Innenkreis, Nummer zwei und drei im Außenkreis. Nummer drei wandert jeweils eine Position weiter nach rechts, Nummer zwei ebenso. (Achtung! Nummer 2 und 3 wechseln dann immer ihre Nummern.)

Bei Platz- oder Raumproblemen kann man das Lied auch im Sitzen auf Stühlen oder Bänken gestalten:

1. Sind zwei,

   In der Stuhlreihe klatscht jeweils jeder Zweite mit der rechten Hand die linke Hand des rechten Nachbarn ab (Handflächen werden aneinander gehalten).

2. sind drei

   Jetzt beginnen die jeweils gleichen mit der linken Hand die rechte Hand des linken Nachbarn abzuklatschen (Hand-

*flächen werden aneinander gehalten). So entsteht eine
durchgefasste Reihe.*
3. in meinem Namen eins,
   Die durchgefasste Reihe bleibt bestehen.
4. bin immer ich dabei.
   *Die Handfassung wird gelöst und 6-mal in die Hände ge-
   klatscht.*
5. Ich bin dabei, ich bin dabei.
   *Man klatscht jeweils die Hände des vor einem Sitzenden
   und hinter einem Sitzenden ab und hält die Handfassung.*
(6. Das Ganze wird wiederholt.)

Lieder

Du bist da, wo Menschen leben (LfK 1 C 6)
Sagt, wer kann den Wind sehen (LfK 2 104)
Wenn der Wind weht ... (s.u.)
Sind zwei, sind drei ... (MKL 27)
Am hellen Tag kam Jesu Geist (LfK 2 102)
Zu Pfingsten ging dem Petrus auf (LfK 2 105)

Wenn der Wind weht ...

Refrain: Hui, hui, hui – Wiederholung der Melodie
(mit zugespitzten Lippen fast lautlos und sehr sensibel flöten)

2.
Wenn der Wind weht, wenn der Wind weht, denke ich nach.
Und ich frag, guter Gott, ist dein Wind noch wach?

Refrain: Sss, sss, sss – Wiederholung der Melodie
(ein weiches stummes S summen)

3.
Wenn der Wind weht, wenn der Wind weht, bitte ich sehr:
Ach, schick deinen Wind, den Geist, zu uns her!

Refrain: Www, www, www – Wiederholung der Melodie
(ein weiches W summen)

4.
Wenn der Wind weht, wenn der Wind weht, stehe ich auf,
Ich vertrau, guter Gott, dein Geist weckt mich auf!

Refrain: Lalala, lalala, lalala – Wiederholung der Melodie

Text: © Dieter Stork
Melodie: Reinhard Horn, © Kontakte Musikverlag, Lippstadt
Aus: Dieter Stork und Reinhard Horn: Feuer – Erde – Wasser – Luft, 2. Aufl.,
München 1996.

Die Pfingstgeschichte für Kinder erzählt

(E = ErzählerIn)

E: Ein neuer Tag beginnt in Jerusalem. Es ist ein Morgen wie
sonst auch.

E: Die Freunde von Jesus haben sich im Haus von Kleophas ver-
sammelt. Petrus, Johannes, Andreas, Jakobus, Maria Magdalena, Salome, Martha und ihre Schwester Maria, Levi, Lydia und
noch andere. Wie jeden Tag sitzen sie zusammen, seit Jesus nicht
mehr bei ihnen ist.

Sie sind zusammen und warten.
Sie sind zusammen und doch sind sie allein. Nachdenklich und
still sitzen sie da. Jeder in seinen Gedanken versunken. Selbst
der redegewandte Petrus weiß nicht so recht, was er sagen soll.
Worauf sie warten? Niemand weiß es genau. Seit Jesus nicht
mehr da ist, ist alles ganz anders geworden. Alle sind ein wenig
niedergeschlagen und traurig.

(Dunkle Flötentöne)

E: Traurig und still sind sie, obwohl draußen in der Stadt ein
großes Getümmel ist. Aus allen Teilen des Landes sind Menschen zusammengekommen, um das Erntefest in Jerusalem im
Tempel zu feiern.

E: Die Jünger können sich nicht mitfreuen. Jesus ist zu Gott
zurückgekehrt. Er hat zwar versprochen: Ich komme zu euch.
Ganz nah werdet ihr mich und meine Kraft spüren. Und er hatte
gesagt: Bleibt zusammen! Wartet ab, was geschehen wird. So
warten sie und warten.

(Dunkle Flötentöne)

E: Da sitzen sie und denken: Nichts geschieht!
Doch da, plötzlich, was ist das?

(Triangel)

E: Da kommt ein Windhauch zum Fenster hinein!

(Geläut anschlagen)

*(Kinder mit bunten Tüchern laufen im Altarraum kreuz und quer
durcheinander. Sie lassen sie durch die Luft flattern und erzeugen
so Wind.)*

E: Der Wind wird immer stärker. Er braust wie der Sturmwind
am Meer, wenn er die Wellen an den Strand treibt.

(Ocean drump)

E: Die Freunde und Freundinnen Jesu schauen sich erstaunt in die Gesichter. Petrus findet als Erster die Sprache wieder. Er springt auf und ruft:»Jesus ist da! Ich spüre es ganz genau. Er gibt uns seine Kraft wie der Wind, der eben über uns kam.« Petrus klatscht in die Hände und ruft:»Mensch Leute, keiner von uns hat vergessen, was Jesus uns von Gott erzählt hat. Er traut uns zu, das an andere Menschen weiter zu erzählen! Jeder von uns kann etwas besonders gut. Maria Magdalena, du kannst von uns am besten zuhören, wenn jemand traurig ist, und ihn trösten. Niemand kann so gute Speisen zubereiten wie du, Jakobus. Wir können den Armen zu essen geben. Und Matthäus, du verstehst doch etwas von Krankheiten und der Pflege von kranken Menschen. Die Armen, die kein Geld haben, denen werden wir helfen. Martha kann sehr gut das Geld verwalten. Wir werden zusammenlegen und entscheiden, wie wir unser Geld einsetzen. Andreas ist der beste Geschichtenerzähler. Er kann von unseren Wanderungen mit Jesus erzählen. Und ich werde in den Tempel gehen und predigen, dass Jesus nicht im Tod geblieben ist. Alle Menschen, die dorthin kommen, um Gott ein Dankopfer zu bringen, sollen es hören.«
Da wurde es allen ganz warm ums Herz. Jesu Geist war in ihrer Mitte und breitete sich aus wie ein wärmendes Feuer.

(Flöte – fröhliche Melodie)

E: Da hielt es niemanden mehr am Boden. Alle sprangen auf und redeten durcheinander. So begeistert waren sie.
»Genau das ist es doch!«, rief Johannes aufgeregt. »Einfach für andere Menschen da sein. Das will Jesus doch von uns.«
»Jeder soll so gut er kann seine Begabungen einsetzen und gebrauchen«, ruft Jakobus. »Damit können wir dann anderen Menschen zeigen, wie Gott ist! Wieso sind wir nicht schon viel früher darauf gekommen?«, fragt Andreas.
»Freunde«, ruft Lydia, »etwas Wunderbares ist mit uns geschehen. Ich weiß plötzlich, was ich tun kann. Ich werde junge Frauen

und Männer, die keine Arbeit finden, in meiner Weberei beschäftigen. Ich will ihnen beibringen, wie Stoffe gefärbt und zu Kleidern verarbeitet werden.«
»Los, lasst uns nach draußen gehen und allen Menschen zurufen, was geschehen ist.
Jesus lässt uns nicht im Dunkeln sitzen!«

(Lied: Wenn der Wind weht ...)

Aktionsphase: Gottes Geist weckt auf
Die Kinder werden dazu eingeladen, Erfahrungen mit dem eigenen Atem und der Luft zu machen.
1. Alle stehen einmal auf, strecken und recken sich und atmen dabei mehrmals tief ein und aus.
a) **ruhiges Atmen** – dabei wird die linke Hand auf den Bauch gelegt und die rechte Hand auf das Brustbein. Dabei können alle nachspüren, wie der Bauch sich senkt und hebt, wie der Brustraum sich weitet und wie der Atem einen ganz ausfüllt.
b) **geräuschvolles Atmen** – dabei atmen alle tief durch die Nase ein und auf den Buchstaben »F« durch den Mund aus, bis die ganze Luft draußen ist. Das Geräusch kann verstärkt werden, indem man zischend auf »SCH« ausatmet.
c) **blasendes Atmen** – dabei wird tief durch die Nase eingeatmet, beim Ausatmen durch den leicht geöffneten Mund wird die Luft herausgeblasen. Die Luft wird spürbar, wenn die offene Hand mit der Innenfläche in einem kleinen Abstand vor den Mund gehalten wird.

2. Wir basteln einen einfachen Papierfächer mit der Aufschrift: Gottes Geist steckt an und begeistert.
Anleitung zum Basteln: Papier in der Größe 15 mal 42 cm (Hälfte eines DIN-A3-Papiers, quer gefaltet) wird in 1 cm breiten Abständen in Ziehharmonikaform gefaltet. Das gefaltete Papier wird an einer Seite etwa 1 cm umgeknickt. An der anderen Seite kann dann das Papier zu einem Fächer auseinander gezogen werden.

Gottes Geist steckt an und begeistert

Gottes Geist steckt an und begeistert

Gottes Geist steckt an und begeistert

Gottes Geist steckt an und begeistert

Gottes Geist steckt an und begeistert

Gottes Geist steckt an und begeistert

Erntedankgottesdienst zum Thema: »Dank für Gottes Schöpfungsgaben« in Verbindung mit dem 2. Schöpfungsbericht

Leitmotiv

In diesem Erntedankgottesdienst soll die Erde den Kindern als mütterliches Symbol nahe gebracht werden. Sie nährt die Pflanzen, die Tiere und Menschen. Der zweite Schöpfungsbericht ermöglicht es den Kindern, sich selbst als Geschöpfe zu erleben, die eng mit der Erde verbunden sind. Dank für Gottes Schöpfungsgaben kann geschehen durch sinnbildliche Erfahrungen mit ihnen. Das Gestalten eines Schöpfungsmandalas kann dabei hilfreich sein.

Benötigte Materialien

Weltkugel (fertig aufblasbar im Handel erhältlich oder aus Pappmaschee hergestellt), blaues Himmelstuch, Schale mit Erde, mehrere aneinander geknüpfte Tücher (wenn möglich, in Regenbogenfarben), die zu einer begehbaren Spirale gelegt werden können, CD-Player, meditative Musik, Gräser, Zweige, Blumen, Früchte zum Schmücken des Schöpfungsmandalas, Plakatkarton in Postkartengröße und doppelseitiges Klebeband zur Gestaltung des Fürbittengebetes

Ablauf

- Begrüßung
- Eingangslied
- Psalm im Wechsel gesprochen
- Klage/Lob

- Lied
- Der Schöpfungsbericht und Gestaltung eines Schöpfungsmandalas
- Dankgebet
- Lied
- Gestaltetes Fürbittengebet
- Vaterunser/Segen
- Segenslied

Liturgie

Psalm

A. Singt Gott zum Lob ein Lied,
denn er hat alles wunderbar geschaffen!

Gesang: Du hast uns deine Welt geschenkt
   (Dabei stehen die Kinder im Kreis. Der Liedvers wird mit
   Gesten untermalt.)

1. Du hast uns deine Welt geschenkt,
   Die parallel nach oben gestreckten Arme werden nach unten
   gezogen und über der Brust gekreuzt.
2. den Himmel, die Erde,
   Das Himmelsgewölbe wird mit erhobenen Armen als Halb-
   kreis gezeichnet. Die Erde wird mit den Händen als Kugel
   vor dem Oberkörper gezeichnet.
3. Du hast uns deine Welt geschenkt.
   Vgl. Punkt 1.
4. Herr, wir danken dir.
   Die Arme werden vor der Brust überkreuzt.

B. Gott, wunderbar und schön erscheinst du uns.
Du kommst uns entgegen, wie das helle Licht des Tages,
wenn am Morgen die Sonne aufgeht.
Den Himmel hast du über uns ausgebreitet

mit all den vielen glitzernden Sternen,
mit Bergen und Tälern,
dass wir auf festem Boden stehen können.

A: Singt Gott ein Lied,
denn er hat alles wunderbar geschaffen.

Gesang: Du hast uns deine Welt geschenkt

B: Du schenkst uns frisches Quellwasser,
das in den Tälern entspringt
und zwischen den Bergen dahinfließt.
Menschen und Tiere können ihren Durst löschen.
Die Vögel fliegen am Himmel
und singen uns aus den Bäumen ihre Lieder.
Du lässt die Sonne scheinen,
du lässt es regnen.
So gibt es viele wunderbare Früchte auf der ganzen Erde.

A: Singt Gott ein Lied,
denn er hat alles wunderbar geschaffen!

Gesang: Du hast uns deine Welt geschenkt

B: Gott, du lässt für die Tiere das Gras wachsen.
Das ausgesäte Korn macht der Mensch zu Brot.
Es macht uns satt und stillt unseren Hunger.
An den Hängen der Berge und auf Feldern wachsen die Weinstöcke.
Über die Traubenernte und den Wein freuen wir uns.

A: Singt Gott ein Lied,
denn er hat alles wunderbar geschaffen!

Gesang: Du hast uns deine Welt geschenkt

B: Gott, alles, was du geschaffen hast, ist so unglaublich groß.

Alles in der Welt hat seinen Platz.
Jedes Pflänzchen, jedes Tier weiß, wo es hin gehört.
Wie ein großes Zahnrad passt alles,
was du gemacht hast, zusammen.

A: Singt Gott ein Lied,
denn er hat alles wunderbar geschaffen!

Klage

Guter Gott,
es gibt Tage, an denen sehe und höre ich nicht.
Ich sehe nicht die blühenden Blumen.
Ich höre nicht die Lieder der Vögel.
Ich esse und trinke und vergesse dabei,
dass du uns das alles geschenkt hast.
Darum rufen wir zu dir:
Herr, erbarme dich!

Lob

Gott wendet sich nicht von uns ab.
Gott gibt uns, was wir zum Leben brauchen,
Essen und Trinken, Menschen, die uns lieb haben
und für uns sorgen.
Halleluja!

Dankgebet

Guter Gott,
wir danken dir, dass du uns die Erde
und den Himmel geschenkt hast.
Von dir haben wir unser Leben.
Du hast uns wunderbar gemacht.
Wir wollen uns immer wieder daran erinnern,
dass das alles nicht selbstverständlich ist.
Wir wollen den Dank und unsere Freude

nicht allein für uns behalten,
sondern sie auch an andere Menschen weitergeben.
Guter Gott, gib uns den Mut, für deine Schöpfung einzutreten
und sie zu bewahren.
Amen.

Schlussgebet

Gott, du Schöpfer des Lebens,
Schöpfer der Sonne, des Mondes und der vielen tausend Sterne.
Wir stehen staunend vor dem, was du geschaffen hast,
und bitten:
Beschütze uns in deiner Welt.
Gott, du Schöpfer des Glühwürmchens,
Schöpfer der Käfer und Schmetterlinge,
der Schwalben, Meisen und Spatzen,
der Falken und Adler.
Wir stehen staunend vor dem, was du geschaffen hast,
und bitten:
Beschütze uns in deiner Welt.
Gott, du Schöpfer des Sandes und der Steine,
Schöpfer des Grases, der Disteln und des Löwenzahnes,
der Sonnenblumen und Rosen.
Wir stehen staunend vor dem, was du geschaffen hast,
und bitten: *Beschütze uns in deiner Welt.*
Gott, du Schöpfer des Lichtes, des Windes und des Wetters,
Schöpfer des Tages und der Nacht, der hohen Berge und der
tiefen Täler,
der tosenden Wellen des Meeres und des plätschernden Was-
sers der Bäche und Flüsse.
Wir stehen staunend vor dem, was du geschaffen hast,
und bitten:
Beschütze uns in deiner Welt.
Gott, du Schöpfer der Tiere, der Bären und Löwen,
der Hunde und Katzen, der Mäuse und Kaninchen,
du Schöpfer der Menschen mit blondem und schwarzem Haar,
mit heller und dunkler Haut,

Gott, du Schöpfer der vielen Sprachen und Klänge auf der ganzen Welt.
Wir stehen staunend vor dem, was du geschaffen hast,
und bitten:
Beschütze uns in deiner Welt.
Amen.

Dieses Schlussgebet kann folgendermaßen gestaltet werden:
Im Religionsunterricht werden im Vorfeld zu diesem Gottesdienst
zu den einzelnen Gebetsabschnitten Bilder gestaltet (z.B. Sonne, Mond, Sterne, Tiere, Pflanzen etc. – Tonkarton in Postkartengröße zugeschnitten). Die Karte wird auf der Rückseite mit
doppelseitigem Klebeband versehen. Nach der Gebetsbitte *Beschütze uns in deiner Welt* werden die jeweils passenden Bilder
nach vorne gebracht und an das an der Leine hängende Himmelstuch geheftet. Dabei kann der Kanon gesungen werden:
Jeder Teil dieser Erde ist meinem Volk heilig.

Segen

Einer/Eine: Guter Gott,
    du segnest die Erde, die uns trägt.
    Du segnest uns mit ihrer ganzen Schönheit,
    mit den Blumen und mit der Nahrung des Feldes,
    mit den Früchten der Bäume und Pflanzen.
Einer/Eine: Guter Gott, du segnest uns mit frischem Wasser
    und mit den vielen wundervollen Tieren.
    Du segnest uns mit allem, was lebendig ist.
Einer/Eine: Guter Gott, du segnest uns mit der großen Weite des
    Himmels.
    Wir danken dir für deinen Segen.

Lieder

Jeder Teil dieser Erde (LfK 1 B 18)
Du hast uns deine Welt geschenkt (LfK 1 C 8)
Jeden Morgen gießt du von neuem (LfK 2 135)

Erde, Erde, gute Erde (LfK 2 129)
Segne uns mit der Weite des Himmels (LfK 1 B48)

Der zweite Schöpfungsbericht mit Musik, Zeichenhandlung und Gestalten eines Schöpfungsmandalas

(SprecherIn:) Es war die Zeit, in der Gott, der Herr, Erde und Himmel machte.
Die ganze Welt und alles, was es gibt, kommt von Gott.

(Kinder tragen zur Musik eine Erdkugel herein und ein blaues Himmelstuch, das an einer Leine befestigt wird.)

(SprecherIn:) All die Sträucher auf dem Feld waren noch nicht auf der Erde. Es war noch nichts gewachsen, denn Gott hatte es noch nicht regnen lassen, und kein Mensch war da, der das Land bebaute.

(Kinder tragen zur Musik eine mit Erde gefüllte Schale herein und stellen sie in die Mitte einer mit Tüchern ausgelegten Spirale auf den Boden. Eines der Kinder bleibt neben der Schale zusammengekauert auf dem Boden sitzen, während das andere Kind die Spirale wieder verlässt.)

(SprecherIn:) Aber ein Nebel stieg von der Erde auf und befeuchtete alles Land.

(Zum Nebelmotiv ertönt leise meditative Musik.)
(SprecherIn:) Da machte Gott, der Herr, den Menschen aus Erde vom Acker und blies ihm den Atem des Lebens in seine Nase. Und so wurde der Mensch ein lebendiges Wesen.

(Das Kind in der Mitte beginnt sich ganz allmählich zu regen zu bewegen und sich aufzurichten. Dazu ertönt wieder Musik.)

Und Gott pflanzte einen Garten in Eden und ließ auf der Erde die unterschiedlichsten Bäume wachsen. Sie waren verlockend anzusehen und hatten Früchte gut zu essen.

(Kinder tragen Zweige, Blumen, Gräser und Schalen mit Obst und Gemüse herein und stellen alles zur Weltkugel.)

Und Gott, der Herr, nahm den Menschen und setzte ihn in den Garten Eden, damit er ihn bebaue und bewahre.

(Das Kind, das sich zuvor in der Mitte der Spirale aufgerichtet hatte, geht aus der Spirale heraus, nimmt sich eine Schöpfungsgabe und trägt sie zurück in die Mitte der Spirale.)

Gestalten eines Schöpfungsmandalas

Die anderen Kinder werden nun dazu angeleitet, das Gleiche zu tun, sich eine Schöpfungsgabe, für die sie danken möchten, auszusuchen und damit die Mitte der Spirale zu schmücken. Dazu erklingt wieder meditative Musik.
Bei der Gestaltung ist wichtig, darauf zu achten, dass immer nur jeweils ein Kind in die Spirale hineingeht, um die innere Sammlung zu gewährleisten.

Schulgottesdienst zum Thema: »Frieden ist angesagt« in Verbindung mit Matthäus 5,9: Selig sind, die Frieden stiften, denn sie sollen Gottes Kinder heißen.

Leitmotiv

Friedenserziehung ist eine der vorrangigsten Aufgaben in einer von Unfrieden und Terror überschatteten Welt. Frieden und Unfrieden fangen im Kleinen an, da, wo jeder sich selbst begegnet. Das Friedenslied von Frederik Vahle (Musikkassette »Der Friedensmaler«, 15. Aufl., Patmos Verlag, Düsseldorf 1997) bringt die Kinder damit in Kontakt, wie wichtig es ist, die Angst vor Unbekanntem und Fremdem zu überwinden. Es zeigt auf, dass Frieden unbedingt etwas mit der Toleranz und dem Gewähren von Freiheit gegenüber jedem Individuum zu tun hat. Die Überwindung von künstlich geschaffenen Grenzen ist die Voraussetzung dafür. Die Mauer, die in dem Gottesdienst mit Friedenslichtern durchbrochen wird, ist hierfür ein sichtbares Zeichen.

Benötigte Materialien

Hohlblocksteine zum Aufrichten einer Mauer, Friedenskerzen zum Aufstellen, Friedenslied von Frederik Vahle auf CD, Quelle: Der Elefant; alternativ: das Lied mit Kindern einstudiert und gesungen.

Ablauf

- Begrüßung
- Eingangslied
- Eingangspsalm nach Psalm 85
- Klage/Lob

- Spiellied
- Kurzansprache
- Aktion: Die Mauer bekommt ein Fenster zum Lied »Hevenu schalom alajchem«
- Fürbittengebet/Friedenslichter
- Vaterunser/Segen
- Schlusslied

Liturgie

Psalm

Gott, komm zu uns
und hilf uns, deinen Willen zu tun!

Gott, ich will hören, was du uns von dir zu sagen hast.
Du gibst mir viele gute Worte mit in mein Leben.
Du willst, dass wir aufeinander achten
und uns nicht gegenseitig Schlechtes nachsagen.
Du willst, dass wir andere nicht auslachen
und uns über sie lustig machen.
Du willst, dass wir nicht hinter dem Rücken von anderen reden
und über sie herziehen.

Gott, komm zu uns
und hilf uns, deinen Willen zu tun!

Gott, wir wollen daran denken, dass jeder Mensch
in deinen Augen gleich viel wert ist.
Wir wollen lernen, Hände zu reichen, wo ein Streit begonnen
hat.
Wir wollen über einen tiefen Graben springen
und wieder mit jemanden reden, über den wir uns sehr geärgert haben.
Wir wollen eine Brücke zu jemandem bauen, der uns nicht mehr
anschaut.

Gott, komm zu uns
und hilf uns, deinen Willen zu tun!

Gott, wenn wir auf dein Wort hören und danach leben,
dann kann Frieden unter uns entstehen.
Der Frieden wird unser Begleiter sein auf unseren Wegen.
Er wird wachsen und groß werden.
Wir fassen uns an den Händen.
Ein Kreis entsteht, der die ganze Welt umspannt.

Gott, komm zu uns
und hilf uns, deinen Willen zu tun!

(nach Psalm 85)

alternativ: Friedensgebet von Franz von Assisi

O Herr, mach mich zu einem Werkzeug deines Friedens,
dass ich Liebe übe, wo man sich hasst,
dass ich verzeihe, wo man sich beleidigt,
dass ich verbinde, da wo Streit ist,
dass ich die Wahrheit sage, wo der Irrtum herrscht,
dass ich den Glauben bringe, wo der Zweifel drückt,
dass ich Hoffnung wecke, wo Verzweiflung quält,
dass ich dein Licht anzünde, wo die Finsternis regiert,
dass ich Freude mache, wo der Kummer wohnt.
Ach, Herr,
lass mich trachten,
nicht, dass ich getröstet werde,
sondern, dass ich tröste,
nicht, dass ich verstanden werde,
sondern, dass ich verstehe,
nicht, dass ich geliebt werde,
sondern, dass ich liebe.
Denn wer da hingibt,
der empfängt,
wer sich selbst vergisst,

der findet,
wer verzeiht,
dem wird verziehen,
und wer da stirbt,
der erwacht zum ewigen Leben!

Kanon: Herr, gib uns deinen Frieden

Klage

Lieber Gott,
immer wieder gibt es Unfrieden unter den Menschen.
Es gibt Krach und Streit.
Menschen schreien sich an.
Menschen schlagen sich.
Menschen reden nicht mehr miteinander.
Menschen lachen andere aus.
Menschen verachten andere.
Menschen verfolgen andere.
Menschen schießen auf andere.
Der Frieden schleicht sich davon
und der Unfriede bleibt zurück.
Herr, erbarme dich über uns!

Lob

Jesus hat gesagt:
Jeder, der bereit ist, Frieden mit anderen zu halten,
der tut Gottes Willen und gehört zu ihm.

Fürbittengebet

Lieber Gott,
hilf mir dabei, in Frieden mit anderen zu leben.
Das ist nicht immer leicht, aber ich will es versuchen:
jemandem verzeihen, auch wenn er mir wehgetan hat,
jemandem die Hand reichen, auch wenn ich mit ihm gestritten habe.

Keine bösen Gedanken über jemanden haben, auch wenn er
mich vorher geärgert hat.
Herr, wir bitten: Erhöre uns!

Lieber Gott,
hilf dabei, dass es mehr Frieden in der Welt gibt!
Sende deinen Geist des Friedens zu den Menschen,
damit sie sich nicht ständig verfolgen und töten!
Die Mächtigen sollen erkennen, dass du keinen Krieg,
kein Leid und keine Not willst!
Herr, wir bitten: Erhöre uns!

Lieber Gott,
es gibt so viele Kinder, die schon in den Krieg ziehen müssen.
Das ist so gemein.
Darüber sind wir traurig und wütend.
Wenn wir davon hören, sind wir erschrocken.
Es macht uns fast sprachlos, weil wir uns das nicht vorstellen
können.
Herr, wir bitten: Erhöre uns!
Wir bitten dich: Hilf diesen Kindern!
Schicke ihnen Menschen, die sie dort wieder herausholen.
Schicke ihnen Menschen, die ihnen dabei helfen,
wieder ein normales Leben zu führen.
Herr, wir bitten dich: Erhöre uns!
Amen.

Segen

Gott hat uns den Frieden angesagt.
Jesus hat Frieden gebracht.
Jesu Geist lässt uns den Frieden weitertragen.
Wir reichen uns untereinander als Zeichen des Friedens die
Hände und sprechen:
Ich wünsche dir Frieden.
So segnet uns Gott.

Lieder

Verleih uns Frieden gnädiglich (EG 421)
Gib uns Frieden jeden Tag (EG 425)
Herr, gib mir Mut zum Brücken bauen (MKL 75)
Schalom, Schalom, wo die Liebe wohnt (nur der Kehrvers)
(ML B 47)
Hevenu schalom alajchem (EG 433)
Herr, gib uns deinen Frieden (KG 125)
Selig seid ihr (KG 127)
Gib mir deine Hand (ML 2 B 172)

Ein Friedenslied von Frederik Vahle aus: Das Buch mit dem Friedensmaler, 3. Aufl., Aktive Musik Verlags-GmbH, Dortmund 1991.

Ayshe und Jan

Es waren einmal zwei Kinder, die hießen Ayshe und Jan. Die
waren Nachbarn und kannten sich nicht. So fängt die Geschichte
an. Zu Ayshe, da sagt ihre Mutter. »Geh nicht zu dem deutschen
Kind!« Und Jans Vater, der schimpft auf die Türken, weil das doch
Ausländer sind.

So spielten die Kinder alleine, ein jedes in seinem Hof, und beide
Kinder fanden alleine Spielen doof. Und zwischendrin war eine
Mauer, ein undurchdringliches Stück. Da hat Jan die Ayshe ge-
rufen, doch kam keine Antwort zurück.

Da hat er mit Steinen geworfen. Und einer traf Ayshe am Kopf.
Da sind Ayshes Brüder gekommen und haben den Jan verkloppt.
Da ist der Jan ins Gebüsch dicht an der Mauer gekrochen und
hat geweint, als hätten ihn mehr als zwanzig Steine getroffen.

Doch da hat er plötzlich dicht neben sich in der Mauer ein Loch
entdeckt. Durch das hat sich eine kleine Hand mit einem Stück
Kuchen gestreckt. Da hat sich der Jan gewundert und fragte:
»Was ist das denn da?« Und da sagte Ayshe ganz leise: »Für dich,
ein Stück Baklava.«

Und dann war der Jan bei der Ayshe. Und dann war die Ayshe beim Jan. Sie machten das Mauerloch größer, sodass man gut durchkrabbeln kann. Doch einmal hat Jans Vater nach seinem Sohn gefragt. Und da hat unten im ersten Stock Oma Papenfuß gesagt: »Der Jan hat vorhin bei den Türken, bei unsern Nachbarn gesessen und hat mit der Ayshe zusammen eine Friedenstorte gegessen.«

Jans Vater sagte: »Wie komisch«; und stieg die Treppe hinauf. »Von Kindern, da kann man was lernen.« So hört die Geschichte auf.

(Das Lied Ayshe und Jan wird von Kindern zur Musik und den einzelnen Strophen pantomimisch gespielt. Mitspieler sind: Ayshe, Jan, Jans Vater, Ayshes Mutter und Brüder, Oma Papenfuß. Für das Spiel wird außerdem eine Mauer benötigt, auf deren beiden Seiten die Geschichte dargestellt wird. Wenn möglich, sollte die Mauer aus roten Hohlblocksteinen bestehen.)

Kurzansprache

Ja, so ist das mit dem Unfrieden. Manchmal denkt man, der andere mag einen nicht, und schon geht es los. Ein Wort gibt das andere. Hin und her geht es. Erst etwas leiser und dann laut. Dann ballt man vielleicht auch vor Wut die Fäuste – und am Schluss schlägt man einfach drauf. Kann der andere sehen, was er davon hat.
Manchmal spricht man auch erst gar nicht miteinander und denkt, der andere ist nur doof. Mit dem will ich erst gar nichts zu tun haben.
Dann ist da eine große dicke, unsichtbare Mauer zwischen mir und dem anderen.
In unserem Spiel hier vorne ist die Mauer zu sehen. Wie gut, dass die Mauer hier vorne ein Loch hat. Wie ein kleines Fenster sieht es aus.
Ja, so ist das mit dem Frieden. Da tut einem plötzlich der andere Leid. Da denkt man: »Vielleicht ist der andere doch nicht so doof.

Ich kann es ja mal probieren.« Eine Hand streckt sich aus. Ein kleines Friedenszeichen. Ich schaue dem anderen in die Augen. Die unsichtbare Mauer bekommt ein Loch. So ist das manchmal. Ein kleines Zeichen genügt, damit der Frieden beginnen kann, so wie bei Ayshe und Jan.

Das hat Jesus gemeint, als er einmal zu den Menschen sagte, die zu ihm gekommen waren: Selig sind die, die Frieden stiften. Die können sich Kinder Gottes nennen.

Wenn wir jetzt gleich ein Friedenslied singen, werden wir hier vorne noch mehr Fenster in die Mauer bauen, um sie dann mit Friedenslichtern hell zu machen.

Lied: Hevenu schalom alajchem

Zum anschließenden Fürbittengebet werden jeweils bei den einzelnen Bitten Friedenskerzen angezündet und in die Fenster der Mauer gestellt. Die Kinder werden dazu eingeladen, selbst Friedensbitten zu äußern und eine brennende Kerze nach vorne zu tragen.

Adventlicher Schulgottesdienst zum Thema: »Gott will in der Stille wohnen« in Verbindung mit Lukas 1,5–25

Leitmotiv

Auf Gottes Stimme zu hören, sie wahrzunehmen, wenn sie zu einem spricht, ist nicht immer leicht. Gottesbegegnungen geschehen zu Zeiten, in denen man nicht damit rechnet. In unserer immer hektischer und lauter werdenden Zeit überhören wir oft das, was für uns in der Begegnung mit Gott wichtig sein sollte. Besonders die in Lärm und Hektik kaum mehr verstehbare Adventszeit ist ein Zeichen dafür. Hier will dieser Gottesdienst bewusst ein Gegengewicht setzen. In der Begegnung mit Zacharias erleben die Kinder, dass Gott in der Stille zu finden ist, und lernen selbst ein wenig von diesem Ort kennen.

Benötigte Materialien

Eine Klangschale
Vier vorbereitete Wegstationen für die Erzählung:
1. ein Tisch und zwei Stühle
2. eine Vase mit Zweigen
3. ein Torbogen aus Pappe
4. ein Tisch mit einer Tischdecke
Eine große Adventskerze, Adventslichter nach Anzahl der Kinder (vorbereitete Wassergläser mit Teelichtern)

Bastelanleitung für die Adventslichter

Benötigte Materialien: grünes und rotes Seidenpapier, ein Wasserglas (ca. 8 cm hoch, Öffnung ca. 7 cm), eine Stricknadel, Schere, Kleber, Teelicht

Vorgehensweise

Zunächst wird der obere Rand etwa 1,5 cm nach innen und außen mit einem roten Streifen Seidenpapier beklebt. Dazu benötigt man einen langen Streifen Seidenpapier (3 cm breit). Das Papier muss fest angedrückt werden, damit es von der Kerze nicht angesengt werden kann. Danach werden aus der roten Seide Schuppen ausgeschnitten (ca. 3 cm hoch, ca. 2 cm breit). Angefangen von der Rundung bis zum Schaft werden diese Schuppen über eine dicke Stricknadel gerollt, am Schaft leicht von beiden Seiten gekreppt und danach vorsichtig auseinander gefaltet. So entstehen kleine Blütenblätter, die an Rosenblätter erinnern.
Diese Blütenblätter werden spiralförmig um das Glas herum geklebt. Man beginnt damit am oberen Rand und sollte darauf achten, dass kein Glas sichtbar bleibt.
Zum Schluss wird ein ca. 1 cm breiter grüner Seidenstreifen, der am oberen Rand leicht in Wellenlinien geschnitten ist, um den unteren Glasrand geklebt. So wird der Blütenkelch einer Rosenblüte angedeutet.

Ablauf

- Begrüßung
- Einstimmung mit Votum und Entzünden der Kerzen am Adventskranz
- Eingangslied
- Psalm mit Kehrvers nach Psalm 24
- Klage/Lob
- Lied
- Verkündigungsteil
    Einführung
    Hören auf sich und Hören auf Gott
- Mit Zacharias auf dem Weg
- Einladung zur Stille – Lichterprozession
- Gebet
- Sendung und Segen

Liturgie

Psalm

Machet die Tore weit und die Türen in der Welt hoch,
dass der König der Ehre einziehe!

Hört alle her und schaut nicht weg,
Gott gehört die Erde und alles, was auf ihr lebt,
alle Pflanzen und Tiere, alle Menschen,
die auf dem ganzen Erdkreis wohnen.
Denn er hat die Welt geschaffen.
Er hat sie über den Wassern bereitet.

Machet die Tore weit und die Türen in der Welt hoch,
dass der König der Ehre einziehe!

Auf seine Erde will Gott kommen,
auf seiner Erde will er mit uns leben.
Ganz nah will er bei uns sein.

Machet die Tore weit und die Türen in der Welt hoch,
dass der König der Ehre einziehe!

Darum schmücket alles festlich,
bereitet euch gut vor,
öffnet Fenster und Türen,
macht alle Wege frei,
damit er zu uns kommen kann.

Machet die Tore weit und die Türen in der Welt hoch,
dass der König der Ehre einziehe!
(nach Psalm 24)

Der Kehrvers kann mit Gebärden gebetet werden.
Machet die Tore weit
     seitlich ausgebreitete Arme

und die Türen in der Welt hoch,
> *mit den Armen wird ein hoher Torbogen gezeichnet*

dass der König der Ehre einziehe!
> *seitlich geöffnete Arme werden ausholend nach innen ge-*
> *schlossen und vor der Brust überkreuzt.*

Klage

Manchmal bin ich so ungeduldig.
Ich kann überhaupt nicht warten.
Ich will, dass du jetzt da bist!
Die Zeit scheint stillzustehen
und es ist noch eine Ewigkeit,
bis es endlich Weihnachten wird.

Lob

Die Zeit ist nah,
Gott wird kommen.
Die Tage vergehen,
bald wird uns das Licht zur Weihnacht leuchten.

Gebet

Guter Gott,
wenn wir dir begegnen wollen, müssen wir still werden wie
Zacharias.
Wie er staunen wir darüber, was bei dir alles möglich ist.
Plötzlich bist du da, ohne dass wir vorher daran denken.
Du hörst uns, wenn wir dich rufen.
Aber du redest auch zu uns.
Wenn wir einmal ganz still sind und in uns hineinhören,
wird es warm und hell in uns.
Das brauchen wir jetzt in der Adventszeit,
wenn wir manchmal ungeduldig auf dich warten.
Guter Gott,
komm du zu uns und lass es Weihnachten werden.
Amen.

Segen

Gott segnet alle, die auf ihn warten.
Ich schließe meine Augen und spüre Gottes Segen.
Ich hole tief Luft und atme Gottes Segen.
Ich lausche in die Stille und höre Gottes Segen.
(Die Kinder stehen im Kreis, schließen die Augen, holen tief Luft und horchen.)

Lieder

Seht, die gute Zeit ist nah (EG 18)
Macht hoch die Tür, die Tor macht weit (EG 1)
Wir sagen euch an den lieben Advent (EG 17)
Herr, wir warten auf dein Kommen (LfK 2 9)
Meine Seele ist stille zu Gott (Gottesklang Nr. 70)

Zeit für Ruhe

Text: Gerhard Krombusch, Melodie: Ludger Edelkötter
Aus: Zeit für Ruhe im Alltag (IMP 1065), © KiMu Kinder Musik Verlag GmbH, Velbert.

Einstimmung

Nachdem eine einstimmende Orgelmusik ganz verklungen ist, wird zum Votum dreimal eine Klangschale angeschlagen. Jeweils, wenn der Klang verhallt ist, wird gesprochen:

*(Klang –)*Im Namen Gottes, der uns Vater und Mutter ist und
uns geschaffen hat,
*(Klang –)*im Namen Jesu, der das Licht der Welt bedeutet,
*(Klang –)*im Namen des Heiligen Geistes, der uns bis in unsere
Herzen leuchtet.

Gott will in der Stille wohnen, lasst uns still sein und ihn hören.
*(Ein Kind zündet die Adventskerzen an. Nochmals wird die Klang-
schale angeschlagen. Klangschale und Kerze werden nach Ver-
hallen des Tones zum Altar gebracht und dort abgestellt.)*

Verkündigungsteil Einführung

Es ist Adventszeit. Wir warten auf Weihnachten. Wir freuen uns
auf die Geburt des Christkindes im Stall. Die Straßen der Stadt
sind bunt geschmückt. Viele Lichterketten machen das Dunkel
hell. Alle Fenster sind erleuchtet. Musik ertönt in den Straßen.
Viele Menschen sind unterwegs. Es ist viel zu tun. Plätzchen
backen, Geschenke einkaufen, die letzten Arbeiten vor den Ferien schreiben, bei Adventskonzerten musizieren, Weihnachts-
märkte besuchen.
Adventszeit – stille Zeit? Stimmt das eigentlich? Wie können wir
auf das hören, was Gott uns sagen will in dieser Zeit? Manchmal
tut es gut, wenn wir versuchen, einmal ganz still zu werden und
in uns hineinhören. Vielleicht geht es uns dann so ähnlich wie
Zacharias, dem Vater von Johannes dem Täufer. Mit ihm machen wir uns auf den Weg.

1. Station
*(Ein Tisch mit zwei Stühlen. Der Tisch soll erinnern an das Haus,
in dem Zacharias lebte.)*

*(Der/die ErzählerIn bringt eine Kerze mit zur ersten Station, ent-
zündet sie und stellt sie auf den Tisch.)*
Zacharias ist ein Priester. Mit seiner Frau Elisabeth lebt er in
diesem kleinen Haus. Zacharias und Elisabeth haben sich sehr
gern. Lange sind sie schon verheiratet. Aber ihr größter Wunsch

ist nicht in Erfüllung gegangen. Zacharias und Elisabeth wünschen sich ein Kind. Aber sie sind schon alt.
Als Priester muss Zacharias zweimal im Jahr nach Jerusalem zum Tempeldienst. Wieder einmal ist es so weit. Zacharias verabschiedet sich von Elisabeth und macht sich auf den Weg.

Lied: Meine Seele ist stille zu Gott

2. Station
(Eine Bodenvase mit kahlen Ästen. Sie soll an den Weg nach Jerusalem erinnern.)
(Der/die ErzählerIn geht mit der brennenden Kerze zur zweiten Station, stellt sie dort ab und erzählt weiter.)
Unterwegs nach Jerusalem denkt Zacharias nach. Er ist traurig über den unerfüllt gebliebenen Wunsch nach einem Kind. Zu gerne hätte er wie alle seine Freunde Kinderlachen in seinem Haus gehabt. Er denkt an Elisabeth. Er will ihr etwas Schönes aus Jerusalem mitbringen.

Lied: Meine Seele ist stille zu Gott

3. Station
(Ein Torbogen aus Pappe. Er soll an den Eingang des Tempels in Jerusalem erinnern.)
(Der/die ErzählerIn geht mit der Kerze zur dritten Station, stellt sie dort ab und erzählt weiter.)
Zacharias hat Jerusalem erreicht. Jetzt hat er seine Trauer vergessen. Er ist ganz gespannt auf den Tempeldienst. Er fragt sich, wer diesmal für das Räucheropfer ausgelost wird. Das ist etwas ganz Besonderes. Einmal im Leben darf jeder Priester ins Innerste des Tempels. Dort am Altar darf er dann wertvolle Kräuter anzünden. Zacharias ist gespannt. Als die unterschiedlichen Dienste ausgelost werden, fällt das Los für das Räucheropfer auf ihn.

Lied: Meine Seele ist stille zu Gott

4. Station
(Tisch mit festlicher Decke. Er soll an den Altar im Tempel erinnern.)

(Der/die ErzählerIn geht mit der Kerze zur vierten Station, stellt sie dort ab und erzählt weiter.)
Zacharias ist ganz aufgeregt, als er sich mit der Schale und dem Räucherwerk ins Allerheiligste des Tempels begibt. Als Zacharias sein Gebet sprechen will, sieht er plötzlich jemanden neben dem Altar stehen. Zacharias ist verwirrt, denn das ist eigentlich nur Gottes Platz. Und Zacharias hört die Gestalt sagen: »Fürchte dich nicht. Gott hat dein Gebet erhört. Deine Frau wird einen Sohn zur Welt bringen. Du sollst ihn Johannes nennen.« Zacharias schüttelt den Kopf, so, als wolle er die Gestalt verscheuchen. Doch wieder hört er sie sprechen: »Dein Sohn wird Gott dienen. Er wird den Menschen so von Gott erzählen, dass sie ihr Leben ändern. Er wird sie darauf vorbereiten, dass Gottes eigener Sohn in die Welt kommt.« Zacharias traut dem nicht, was er hört. Er weiß, dass Elisabeth und er zu alt sind, um noch ein Kind zu bekommen. Er kann das nicht glauben.

Lied: Meine Seele ist stille zu Gott

5. Station
(Der/die ErzählerIn geht zum Torbogen zurück, stellt die Kerze ab und erzählt weiter.)
Zacharias tritt aus dem Altarraum. Als er zu den Pilgern den Segen sprechen will, merkt er, dass ihm die wunderbare Begegnung mit Gott die Sprache verschlagen hat. Deshalb kann er nur seine Hände zum Segen erheben. Die Pilger spüren, dass etwas Wunderbares geschehen ist.

Lied: Meine Seele ist stille zu Gott

1. Station
(Der/die ErzählerIn geht zum Tisch zurück, stellt die Kerze ab und erzählt weiter.)
Schweigend macht sich Zacharias auf den Weg nach Hause. Elisabeth wartet schon auf ihn. Sie sieht ein Leuchten in seinen Augen. Aber Zacharias kann nichts erzählen.

Bald schon merkt Elisabeth, dass sie ein Kind bekommt. Sie erzählt es Zacharias. Aber Zacharias bleibt still.
Als das Kind zur Welt kommt, schreibt er auf eine kleine Tafel seinen Namen: Johannes.
Da kann er vor Freude über seinen Sohn wieder reden und dankt Gott mit einem Lied.

Lied: Meine Seele ist stille zu Gott

(ErzählerIn:) Ich möchte euch jetzt einladen, mit mir einen Weg zu gehen, so ähnlich, wie ihn Zacharias gegangen ist. Wenn wir jetzt gleich nach vorne gehen und uns an der großen Kerze ein Adventslicht anzünden, dann können wir allen Lärm von der Straße und aus der Schule vergessen, allen Krach, alles Laute und alles »Schnell! Schnell!«. Wir können das, was uns ganz wichtig und wertvoll ist, wie Zacharias vor Gott tragen. Wir spüren, dass Gott da ist und uns nicht allein lässt. Es wird warm und hell in unseren Herzen. Dann kann bald Weihnachten werden.

Einladung zur Stille – Lichterprozession

(Zu dem Kanon: Zeit für Ruhe ziehen die Kinder in einer Prozession nach vorne und erhalten dort ein Adventslicht – ein Teelicht, das in einem mit rotem Seidenpapier verziertem kleinem Wasserglas steht. Die Gläser können im Kunstunterricht von den Kindern selbst gestaltet werden. Die Kerzen werden von Erwachsenen angezündet und in das Glas hineingestellt, damit die Stille nicht durch unnötiges Geklapper unterbrochen wird. Die Kinder dürfen ihr Adventslicht mit nach Hause nehmen.
Der Kanon ist so angelegt, dass er leise beginnt, lauter wird und dann wieder leiser, bis er ganz verstummt. Nach etwa einer Minute Stille wird wieder langsam begonnen, leise zu singen.
Der Kanon wird gesungen, bis alle wieder an ihrem Platz angekommen sind.
Je nach Anzahl der Kinder ist es u.U. notwendig, zwei Stationen zu haben, an denen bei der Prozession das Adventslicht abgeholt werden kann.)

Schulgottesdienst zum Thema:
»... so sind wir gepflanzt wie ein Baum, der Früchte trägt zu seiner Zeit« in Verbindung mit Psalm 1

Leitmotiv

Seinen Platz im Leben finden, ist für Kinder in einer Gesellschaft mit schwindenden Werten nicht einfach. Psalm 1 bietet ein gutes Motiv für die Kinder, sich als Geschöpfe Gottes zu begreifen, die sinnbildlich in Gottes Nährboden wurzeln können und dort Nahrung finden.

Die Kinder kommen über dieses Bild in Kontakt mit den guten Ordnungen Gottes: Gerechtigkeit, Achtung der Menschenwürde und der Liebe zu sich selbst und ihren Nächsten gegenüber.

Benötigte Materialien

Ein Obstbaum, gepflanzt in einem Kübel, alternativ ein Baum, aus Pappe oder Sperrholz ausgeschnitten, oder eine Bodenvase mit großen Zweigen, Früchte aus farbigem Plakatkarton ausgeschnitten und mit Schnüren zum Aufhängen oder doppelseitigem Klebeband zum Aufkleben versehen; für jedes Kind einen Apfel zum Mitnehmen.

Ablauf

- Begrüßung
- Eingangslied
- Psalm
- Klage/Lob
- Lied

- Geschichte: Tun, was geboten ist ... Rubens Erlebnis
- Lied mit Tanz: Wer Gottes Wort hört und lebt danach (siehe S. 102)
- Aktion: Gestalten eines Baumes mit Früchten
- Fürbittengebet
- Vaterunser/Segen
- Schlusslied

Liturgie

Psalm

Wir freuen uns am Leben:
an den Blumen und Bäumen,
an den Tieren und an den Menschen.

So sind wir wie ein Baum,
gepflanzt an den Wasserbächen,
der seine Frucht bringt zu seiner Zeit.
Seine Blätter verwelken nicht.
Und was wir tun, gelingt ganz oft.

Wir entdecken die Spuren Gottes:
in den Steinen und Pflanzen,
in unseren Freunden – den Tieren,
und in den Menschen, mit denen wir leben.
Gott hat alles wunderbar gemacht!

So sind wir wie ein Baum,
gepflanzt an den Wasserbächen,
der seine Frucht bringt zu seiner Zeit.
Seine Blätter verwelken nicht.
Und was wir tun, gelingt ganz oft.

Wir danken Gott für unser Leben.
Wie leicht ist es, es von ihm zu empfangen!
Wie schön ist es, sich an ihm zu freuen
und Gott in ihm zu entdecken!

So sind wir wie ein Baum,
gepflanzt an den Wasserbächen,
der seine Frucht bringt zu seiner Zeit.
Seine Blätter verwelken nicht.
Und was wir tun, gelingt ganz oft.

Bernd Schlüter

Aus: Kindergottesdienst plus 1998-2000, Gütersloh 1997, S.123 f., © beim Autor.

Klage

Lieber Gott,
manchmal finde ich meinen Platz nicht.
Ich werde herumgestoßen.
Keiner hat richtig Zeit für mich.
Immerzu muss ich nur Anforderungen erfüllen.
Ich soll gut in der Schule sein,
toll im Sport, mein Musikinstrument soll ich
perfekt spielen und vieles mehr.
Kann ich so wirklich gut leben?

Lob

Du hast einen Platz in Gottes Garten.
Dort darfst du wachsen
und seine Geschichten hören.
Sie werden deine Wurzeln
stark und kräftig machen.
Halleluja

Gebet

Lieber Gott,
zu dir hin möchte ich wachsen.
Ich möchte spüren,
wie ich fest auf deiner Erde stehe

und in dieser Erde tiefe Wurzeln schlagen kann.
Ich bitte dich:
Gib mir einen guten Nährboden,
schicke mir Menschen, die mir von dir erzählen,
die mich behüten und beschützen,
Menschen, die mir deine vielen Wunder zeigen.
Dann kann ich groß und kräftig werden
wie ein Baum.
Ich möchte meine Arme nach dir ausstrecken
wie die Äste einer Baumkrone.
Ich möchte hinaufwachsen,
hoch in das Blau deines Himmels,
mit vielen Blättern, die im Winde rauschen.
Deine Luft möchte ich atmen
und die Wärme deiner Sonnenstrahlen in mir aufnehmen.
Dir ein guter Baum zu werden und viele Früchte tragen, das ist
mein Wunsch.
Amen.

Sendung und Segen

Unter Gottes Segen wirst du wachsen.
Unter Gottes Segen wirst du blühen.
Unter Gottes Segen wirst du Schatten spenden.

Gott segne dich mit dem Blau des Himmels.
Gott segne dich mit dem Gelb des Lichtes.
Gott segne dich mit dem Braun der Erde.

Lieder

Pflanzt den Baum der Hoffnung (ML 2 B 211)
Geh aus, mein Herz (EG 503 RWL Strophe 1.2.14)
Komm, bau ein Haus (ML B 83)
Wer Gottes Wort hört und lebt danach (Anlage)
Gib uns Ohren, die hören (MKL 2 38)
Gott, deine Liebe reicht weit (MKL 2 43)

Verkündigungsteil: Tun, was geboten ist ... Rubens Erlebnis

»Zwei Seezungen bitte!«, sagte Ruben zu Sirius, dem Fischhändler am Hafen, und legte zwei Dinare auf den Tisch, hinter dem Sirius stand. »Bekommt ihr heute Abend Gäste, Junge?«, fragte der alte Fischhändler freundlich. »Ja, Vater bringt heute Abend zwei Tuchhändler mit zum Essen«, antwortete Ruben, während Sirius die Fische in Papier einwickelte.

»Kann ich den Fisch später bei dir abholen?«, fragte Ruben den Alten. »Ich will noch zum Anlegesteg und schauen, ob neue Schiffe dort festgemacht haben.« Sirius nickte. Er konnte die Neugier des Jungen verstehen, ermahnte ihn aber zur Vorsicht: »Pass auf! Wenn neue Schiffe anlegen, zieht das oft Gesindel in den Hafen.« – »Ist schon gut, Sirius. Mir passiert schon nichts«, entgegnete Ruben und verließ den Laden. An der Kaimauer traf er Darius, seinen Freund. Zusammen bestaunten sie die drei prächtigen Großsegler, die in den Hafen eingelaufen waren. Leute aus aller Herren Länder waren zu sehen. Aus einem der Schiffe wurden riesige Mengen Stoffballen entladen. Aus dem anderen trugen sie Getreidesäcke. Die Jungen waren begeistert. Ruben vergaß die Zeit. Plötzlich fiel ihm ein, dass er ja noch den Fisch nach Hause bringen sollte. Also machte er sich zurück auf den Weg zum Fischladen. Darius ging mit ihm. Sie holten den Fisch und liefen eilends los, zurück durch die engen Straßen der Stadt. Da hörten sie plötzlich aus einem Hinterhof lautes Geschrei. Die beiden Jungen erschraken. Vorsichtig schauten sie durch die Toreinfahrt in den Hof hinein. Zwei vermummte Gestalten prügelten auf jemanden ein. Der eine schrie laut: »Das wirst du nicht noch einmal tun, einen Unschuldigen beim Stadtkommandanten anschwärzen, du feiger Hund!« Mit wilden Schlägen und Fußtritten setzten die beiden ihrem Opfer zu. Ruben und Darius bekamen Angst. Sie versteckten sich hinter dem zur Seite geschobenen Hoftor. Nach einer Weile ließen die beiden Vermummten von ihrem Opfer ab und liefen in Richtung Hafen davon.

»Nichts wie weg hier«, flüsterte Darius Ruben zu. »Das ist einer von den Römern. Der wird es nicht besser verdient haben, wenn er unsere Leute beim Stadtkommandanten anschwärzt. Mein

Vater sagt , wir werden schon genug geknebelt und verfolgt, bloß weil wir Christen sind. Das ist doch eine Gemeinheit.« – »Trotzdem können wir ihn nicht so hier liegen lassen«, entgegnete Ruben. »Sieh doch, er ist verletzt und kann alleine nicht aufstehen. Von meinem Vater weiß ich, dass uns Jesus Christus lehrt, nicht Böses mit Bösem zu vergelten. Wir sollen Gutes tun, damit Gottes Segen unter uns Menschen spürbar wird. Also müssen wir dem Mann doch helfen, egal was er getan hat.«

»Na gut! Hoffentlich gibt es keinen Ärger!«, schimpfte Darius. Die beiden Jungen betraten nun vorsichtig den Hinterhof. Der Mann vor ihnen am Boden blutete am Kopf und stöhnte vor Schmerzen. »Kommen Sie, wir helfen Ihnen und bringen Sie zu meiner Mutter, die Sie verbinden kann«, sagte Ruben zu dem Mann. Die beiden Jungen zogen den Verletzten langsam hoch. Erstaunt sah der Fremde ihnen ins Gesicht. »Warum wollt ihr gerade mir helfen? Ihr seht doch, ich bin ein Römer. Ich gehöre zur Besatzungsmacht«, stöhnte der Verletzte. »Das spielt keine Rolle«, entgegnete Ruben. »Unser Gott lehrt uns, nie Unrecht mit Unrecht zu vergelten.«

Mit viel Mühe zu Hause angekommen, rief Ruben dort laut nach seiner Mutter. Diese hatte in der Zwischenzeit schon besorgt auf ihren Sohn gewartet und staunte nicht schlecht, als sie die beiden Kinder mit dem verletzten Römer sah. Schnell tat sie, was geboten war. Sie wusch dem Verletzten die Wunden aus, legte ihm einen Verband an und gab ihm zu trinken.

Später, als Rubens Vater aus dem Kontor nach Hause kam, brachte dieser den Römer zusammen mit den beiden Jungen zu dessen Haus.

Der Vater war stolz auf die beiden. Auch wenn es nicht ganz ungefährlich gewesen war, was die beiden gemacht hatten. Sie hatten getan, was geboten war: Einem Menschen in Not zu helfen, ohne sich davon leiten zu lassen, was dieser vielleicht selbst Unrechtes getan haben könnte.

Wer Gottes Wort hört und lebt danach,
wird wachsen wie ein Baum

Zu Beginn des Liedes stellen sich alle in einem oder mehreren Kreisen auf. Der erste Tanzschritt kommt jeweils nach dem Auftakt, also bei der zweiten Silbe jeder Zeile, es geht immer mit rechts los.

Wer Gottes Wort hört und lebt danach, wird wachsen wie ein Baum.	*Handfassung im Kreis. Nach dem Auftakt acht Schritte nach rechts (re-li-re-li) Handfassung lösen und zu vier Wiegeschritten auf der Stelle (re-li-re-li) die Hände nach oben recken, wie ein Baum im Wind. Wdh. der ersten beiden Zeilen.*
Geborgenheit schenkt sein Blätterdach	*Vier langsame Schritte zur Kreismitte, dabei die Hände nach vorn ausstrecken und das Blätterdach bilden.*

und standhaft trotzt er jedem Sturm,	*Vier langsame, stampfende Schritte auf der Stelle, die Arme werden rechts und links auf den Rücken der anderen Kinder rechts und links gelegt, der ganze Kreis bildet im Schulterschluss einen starken Stamm.*
seine Nahrung er aus tiefen Wurzeln zieht.	*Handfassung lösen und zu vier langsamen Schritten zurück eine schöpfende Handbewegung machen und mit vier Wiegeschritten die Hände zur Körpermitte führen.* *Wdh. des zweiten Teils.*

Text: © Ulrich Walter, Melodie aus Israel

Aktion: Gestalten eines Baumes mit Früchten

Hierfür gibt es mehrere Möglichkeiten:
1. Aus einer Baumschule wird ein junger Obstbaum gekauft, der, in einem Kübel gepflanzt, im Altarraum oder der Mitte steht. Dieser wird mit Früchten, ausgeschnitten aus Plakatkarton, geschmückt. In Erinnerung an den Gottesdienst kann der Baum später auf dem Schulgelände eingepflanzt werden.
2. Große Äste, die in einer Bodenvase stehen, werden mit Früchten geschmückt.
3. Ein auf fester Pappe oder Sperrholz aufgezeichneter und ausgeschnittener Baum wird mit Früchten geschmückt. Hier können die Früchte allerdings nicht angehängt werden, sondern müssen mit doppelseitigem Klebeband versehen in die Baumkrone geklebt werden.

(SprecherIin:) Bei Gott und mit seiner Weisung im Herzen können wir wachsen mit tiefen Wurzeln. Wir werden gute Früchte tragen. Das erzählt uns der Psalmbeter und die Geschichte von Ruben. Wir haben einen Baum mitgebracht, den wir jetzt mit

Früchten schmücken wollen, die hier in diesem Korb liegen. Ruben war hilfsbereit und hat getan, was von Gott geboten ist.

(Aus einem Korb wird die erste Frucht – z.B. ein Apfel mit der Aufschrift: Jemand anderem helfen – herausgeholt, vorgelesen und an den Baum gehängt oder geheftet.
In kurzen pantomimischen Sequenzen stellen Kinder jeweils verschiedene Eigenschaften dar, die von den Übrigen geraten werden können. Wer eine Eigenschaft richtig rät, darf den Apfel vorne am Baum befestigen.)

Die Früchte enthalten z.B. folgende Aufschriften:

- aufeinander achten
- miteinander teilen
- Streit schlichten
- einander trösten
- einander zuhören
- freundlich zueinander sein

- gegen Ungerechtigkeit aufstehen
- mutig für jemanden eintreten
- zusammenhalten
- jemandem etwas Gutes tun
- Vorurteile überwinden
- auf jemanden zugehen

Zum Schluss des Gottesdienstes erhält jedes Kind einen Apfel mit auf den Weg, der in einem Korb am Ausgang bereitliegt.

1. Eine Meditation zu Passion und Ostern

Leitmotiv

Die Passionszeit Jesu bringt die Kinder in Kontakt mit dem Leiden, das jegliches Leben kennzeichnet. Sie selbst kennen Ängste, Not und Trauer. Bei der Suche nach trostvollen Antworten in der Auseinandersetzung damit bringt das Lukasevangelium uns einen Gott nahe, der ganz besonders den Menschen im Leid zugewandt ist. Er zeichnet Jesus als Menschen, dem Angst nicht fern war und der sich dennoch von Gott getragen wusste. Nur aus der Rückschau der Ostererfahrung heraus wird die Leidensgeschichte Jesu begreifbar.

Benötigte Materialien

Ein großes schwarzes Tuch, ein Korb mit Steinen, eine Schale mit Buchsbaumzweigen, Teelichter für jedes Kind, CD-Player, meditative Musik

Die Kinder sitzen im Kreis, in dessen Mitte ein großes schwarzes Tuch liegt.
(LehrerIn:) Wir hören vom Leben Jesu. Ihr wisst, es gab eine Zeit, in der Jesus, der Freund der Menschen, leiden musste, weil manche Menschen, die viel zu sagen hatten, neidisch auf Jesus

und seine Taten waren. Der Neid machte sie blind in ihrem Herzen und so musste Jesus schließlich am Kreuz sterben.
Als Jesus sterben musste, hatte er Angst. Vor seiner Verhaftung im Garten Gethsemane betete er zu Gott. Da wurde seine Angst kleiner, denn er spürte, dass Gott auch jetzt bei ihm war. Nach Jesu Tod waren seine Freunde und Freundinnen sehr traurig. Auch sie hatten Angst und fühlten sich allein.
Wir erinnern uns heute daran, weil wir wissen, dass Gott keinen Menschen allein lässt – auch nicht in der größten Angst. Das tut gut, denn auch wir haben manchmal Angst, Kinder und Erwachsene, kleine und große Angst: Dann ist es uns ganz schwer um unser Herz, so schwer wie ein Stein.
So einen Angststein darf sich jetzt jedes Kind nacheinander aus dem Korb, den ich jetzt herumgebe, in die Hand nehmen. Wenn ihr einen Stein gewählt habt, dann überlegt einmal ganz still für euch, was euch Angst macht und worüber ihr traurig seid. Damit das leichter geht, hören wir dazu eine Musik (geeignet sind Passionslieder aus der CD Durchbruch von Hans-Jürgen Hufeisen, David Plüss, RM Musik LC 7994).

(Der/die LehrerIn reicht jetzt einen Korb mit Steinen im Kreis weiter. Jedes Kind nimmt sich einen Stein heraus und hält ihn in der Hand.)

(LehrerIn:) Mit unserer Angst sind wir nicht allein. Wenn wir traurig sind, dann können wir Gott davon erzählen:

Lieber Gott, ich habe Angst, wenn es dunkel ist und ich alleine bin, wenn meine Eltern sich streiten und sich anschreien.
Ich habe Angst, wenn ich krank im Bett liege, wenn ich allein bin und niemand da ist, der mich in den Arm nimmt.
Ich habe Angst, wenn jemand sterben muss, den ich lieb habe, oder wenn ich meine, keiner ist da, der mich lieb hat.
Ich habe Angst vor Krieg und davor, dass Menschen andere vor Hass einfach umbringen.

Gott hört uns zu, wenn wir mit ihm reden, egal ob laut oder leise. So tragen wir jetzt nacheinander unsere Angststeine in die Mitte und legen damit ein großes Kreuz. Wenn wir unseren Stein ablegen, denken wir daran, wovor wir Angst haben. Jeder von euch hat genügend Zeit, zur Mitte zu gehen. Erst wenn er wieder zurückkommt, geht der Nächste.

(Der/die LehrerIn beginnt damit, die vier Enden eines Steinkreuzes zu legen. Dazu spielen wir wieder eine Musik ein (siehe oben); der/die LehrerIn fordert das erste Kind auf, loszugehen.)

Meditation vor dem Kreuz
Vor uns am Boden liegt ausgebreitet ein Kreuz,
ein Kreuz aus Steinen.
Es erinnert uns an Jesus,
Jesus, den Freund der Kinder,
Jesus, den Freund der großen und kleinen Leute.
Von ihm wissen wir:
Sein Weg führte ins Leiden.
Es war kein leichter Weg für ihn.
Sie haben ihn getötet, am Kreuz.
Er hatte Angst, er war in Not.
Er betete zu Gott.
Auch wir beten zu Gott:
Lass uns nicht allein, wenn es dunkel wird in unserem Herzen.
Sei bei uns, wenn die Angst in uns hoch kriecht.
Nimm uns an deine starke Hand.
Führe uns durch unsere Angst wie durch einen dunklen Tunnel.
Am Ende wird wieder Licht sein.
Es fällt dann wärmend auf unser Gesicht.
Es macht die dunklen Herzen hell.
Gott, du verwandelst unsere Trauer in Freude.

(Gemeinsam singen wir das Lied von Bernd Schlaudt: Du verwandelst meine Trauer in Freude. Das Kindergesangbuch Nr. 198. Eine große Kerze wird angezündet und an das Kopfende des Kreuzes gestellt.)

(LehrerIn:) Als Jesus gestorben war, war die Not groß. Aber Gott
ließ die Freundinnen und Freunde Jesu nicht in der Angst sit-
zen. Gott verwandelte Trauer und Angst in Freude.
Irgendwo begann es, als die Nacht noch dunkel war.
Ein kleiner Lichtstrahl suchte sich seinen Weg.
Er schien ganz zart in ein trauriges und ängstliches Herz.
Er blieb nicht allein.
Es kamen ganz viele.
Die Sonne begann wieder zu scheinen.
Sie verscheuchte die dunkle Nacht.

Ein Sonnenstrahl schien auch in Marias Herz.
Sie stand im Garten an Jesu Grab.
Der Stein war weg.
Das Grab war leer.
Sie sah die Farben der Blumen,
hellgelb, gelb wie die Sonne.
Sie sah die Farben der Bäume,
zartgrün, grün wie ein Hoffnungsschimmer.
Wo alle Hoffnung begraben schien, blüht es und sprießt.
Marias Herz wurde wieder froh.
Jesus ließ sie nicht allein dort stehen.
Das verwandelte ihre Trauer in Freude.

Ein Sonnenstrahl erreicht auch unser Herz.
Er verscheucht auch unsere dunkle Nacht.
Die Angst verschwindet.
Es wird warm und hell.
Wir atmen durch.
Wir spüren die Luft.
Wir strecken uns aus,
wie die Blumen und Bäume, dem Licht entgegen.
Gott verwandelt uns.
Er verwandelt alles, was wächst, zu neuem Leben.
Er kann aus der Wüste einen Garten machen.
Unser Herz wird froh.
Wir bekommen neuen Mut.
Da beginnt das Kreuz zu grünen.

(Wir legen in Form einer Ranke um das Kreuz auf dem Boden kleine grüne Zweige. Die Zweige stehen in einem Krug, der neben dem Korb mit den Steinen steht. Der/die LehrerIn beginnt, jedes Kind schließt sich einzeln an. Dazu wird ein Osterlied eingespielt.)

(LehrerIn:) Wie gut ist es, dass Gott unser Herz wieder froh machen kann. Dafür können wir ihm Danke sagen.

Gebet

Guter Gott, du kannst alles verwandeln, auch uns.
Du hast den schweren Stein vom Grab weggerollt.
Du nimmst auch den schweren Stein von unserem Herz.
Du versprichst uns neues Leben – wie in einem Garten, der blüht.
Darum bitten wir dich für alle Menschen,
die traurig sind und Angst haben.
Schicke auch zu ihnen deine starken hellen Lichtstrahlen.
Deshalb zünden wir ein Licht an – für alle Menschen, die traurig sind:
ein Licht für die Kinder, die kein Zuhause haben,
ein Licht für die Menschen, die nicht genug zu essen haben,
ein Licht für die Leute, bei denen Krieg ist,
ein Licht für die Kranken im Bett,
ein Licht für die Alten im Heim,
Lichter für große und kleine Leute.

(Jedes Kind darf jetzt ein angezündetes Teelicht, das auf einem Untersetzer steht, in die Mitte tragen und das Kreuz beginnt zu leuchten. Dazu spielen wir Musik ein.)

Segensgeste

(Alle stehen im Kreis und fassen sich an den Händen.)

Gott segnet euch mit seinem Licht:
Es strahle in euer Herz hinein.
Es mache es hell auf euren Wegen.
Es gebe euch frohen Mut für den kommenden Tag.

2. Wir feiern an Ostern das neue Leben

Leitmotiv

Durch das Bild vom Werden und Vergehen eines Weizenkorns soll den Kindern versinnbilticht werden, dass das Leben stärker ist als der Tod und durch Jesu Auferstehung die Macht des Todes gebrochen ist. Über das Bild des Weizenkorns machen sie die Erfahrung, dass sie als einzeln lebende Individuen eingebettet sind in einen größere Grenzen überschreitenden Lebenszusammenhang, dessen Ursprung Gottes Handeln ist.

Benötigte Materialien

Ein Tuch, ein großer Steinbrocken, eine große Kerze, eine Schale mit Weizenkörnern, eine Schale mit Blumenerde, eine Schale mit gekeimten Weizenkörnern in Form eines Kreuzes, ein vorgetriebener Birkenzweig, eine Schale mit Osterglocken und Tulpen, für jedes Kind eine Kerze mit Untersetzer

(Die Schüler und Schülerinnen sitzen in einem großen Kreis. Die Mitte des Kreises ist gestaltet mit einem Tuch, auf dem ein großer Steinbrocken liegt. Daneben steht eine Kerze, die zu Beginn der kleinen Feier entzündet wird. Außerdem steht eine Schale mit Weizenkörnern daneben.)

(LehrerIn:) An Ostern hören wir von den Freunden und Freundinnen Jesu, dass Jesus lebt.
Die Frauen hatten ungläubig und staunend vor dem leeren Grab gestanden. Aber sie hörten die Botschaft: Jesus lebt! Lauft los und sagt es allen weiter. Darum zünden wir das Osterlicht an.
(Die Kerze wird entzündet.)
Es ist schwer zu verstehen, dass Jesus neues Leben erhielt. Wir fragen uns natürlich: Wie kann das sein? Dazu habe ich euch

heute eine Geschichte mitgebracht. Es ist die Geschichte von Jakob.

Jakob fragt nach dem neuen Leben

Seit dem Tag, als Maria Magdalena von der Auferstehung Jesu so freudig erzählt hatte, war schon eine ganze Zeit vergangen. Bei jeder Gelegenheit sprachen die Freunde und Freundinnen Jesu darüber, dass Jesus mit seiner Botschaft doch Recht gehabt hatte. Alle trafen sich abwechselnd bei den einzelnen Familien. Sie teilten miteinander das Brot und erinnerten sich dabei an Jesus. Bei seinem letzten Mahl mit seinen Jüngern hatte er es ihnen aufgetragen. Gemeinsam beteten sie zu Gott, feierten Gottesdienst und sprachen über das, was Jesus sie gelehrt hatte.
Jakob, der kleine Junge von Rut und Nabot, verstand eigentlich immer noch nicht ganz, was da geschehen war. Gekreuzigt hatten sie Jesus, das wusste er. Er war tot, wie der Großvater, den sie im vergangenen Jahr in ein Grab gelegt hatten. Und jetzt war alles ganz anders. »Mutter«, sagte Jakob zu Rut, die gerade zur Tür hereingekommen war, »Mutter, ich verstehe das alles nicht, was Maria Magdalena uns da neulich erzählt hat. Wie kann Jesus denn von neuem leben, wenn er doch am Kreuz gestorben ist und wie Großvater in ein Grab gelegt wurde?«
Rut überlegte einen Augenblick. Dann nahm sie Jakob bei der Hand und ging mit ihm hinaus zum Kornspeicher. Sie nahm ein paar Körner in die Hand und sagte zu dem Jungen: »Nimm dir eins davon. Schau es gut an.« Jakob drehte das Korn in seiner Hand hin und her. Dann sagte Jakob: »Mutter, was hat denn das mit meiner Frage zu tun?« – »Das will ich dir gleich erklären«, antwortete Rut. »Dieses Korn brauchen wir zum Leben. Ich mahle es zu Mehl und backe Brot davon. Aber der Vorrat ist einmal zu Ende. Deshalb bereitet Vater jedes Jahr den Acker. Du, Jakob, hast beim Pflügen und Eggen schon geholfen. Wenn die Erde locker ist, sät Vater die Weizenkörner aus. Wir wissen, dass die Weizenkörner nach kurzer Zeit in der Erde zu keimen beginnen. Immer wieder warten wir mit Spannung darauf, dass die ersten grünen Spitzen aus der Erde hervorsprießen. Sie stre-

cken sich dem Licht entgegen. Aus ihrer Mitte schiebt sich der
Halm heraus. An dessen Spitze bildet sich eine Ähre mit vielen
neuen Weizenkörnern darin. Aus so einem einzigen Weizenkorn,
wie du es in der Hand hältst, können ganz viele werden, wenn
wir es in die Erde legen. Aber das Weizenkorn muss erst in die
dunkle Erde. Es muss ganz vergehen. Es muss seine ganze Kraft
für die neue Pflanze geben. Dann ist von dem Korn nichts mehr
in der Erde zu sehen. Es muss sterben, damit etwas Neues entstehen kann. So ist das auch mit Jesu Tod. Er musste am Kreuz
sterben und ins Grab gelegt werden. Dann hat ihn Gott zu einem neuen Leben auferweckt. Was Jesus uns gelehrt hat, ist
nicht zu Ende, selbst wenn er jetzt nicht mehr persönlich unter
uns ist. Wir können seine Geschichten anderen Menschen wei-
tersagen. So werden wir immer mehr, wie die vielen Weizenkörner in einer Ähre. Wenn wir das tun, spüren wir auch seinen
Geist. Jesus ist da, wie der Wind, der uns durch unser Haar
streicht, manchmal zart und manchmal kräftig. Deshalb brauchen wir uns nicht mehr zu fürchten.«

Lied: Du bist das Leben (MKL 2/24)

(LehrerIn:) In der Mitte steht neben dem Stein und dem Osterlicht eine Schale mit Weizenkörnern. Ihr dürft euch jetzt, wenn
die Schale herumgeht, jeder ein Korn in die Hand nehmen, es
betrachten und fühlen. In solch einem Korn steckt eine Menge
Leben. Ganz vorsichtig müssen wir mit dem Leben sein, ganz
zart, dass wir es nicht verletzen. Ganz vorsichtig und zart sind
wir jetzt auch mit dem Weizenkorn in unserer Hand.
(Die Kinder betrachten und fühlen das Korn in ihrer Hand.)

(LehrerIn:) Jesus hat selbst einmal zu seinen Freunden und
Freundinnen gesagt:
Das Weizenkorn muss in die Erde fallen und sterben.
Nur dann verändert es sich und erwacht zu neuem Leben.

Ich habe eine große Schale mit Erde gefüllt mitgebracht. Damit
aus den Körnern in euren Händen neues Leben erwacht, müs-

sen auch sie in die Erde gelegt werden. Wenn wir dabei an Jesus denken, dann denken wir an das Zeichen des Kreuzes. Das Kreuz erinnert uns an seinen Tod. So legen wir mit den Körnern ein Kreuz in die Erde.

(Zu meditativer Musik legen die Kinder ihre Körner in die Erde.)

(LehrerIn:) Wenn wir eine Zeit warten, dann werden wir sehen: Neues Leben entsteht. Ein Keim kommt aus dem Korn. Es durchbricht die Schale. Es wächst und wächst, erst ganz zart und dann ganz kräftig. Das Kreuz wird grün. Gott lässt nichts im Dunkeln stecken.
(Lehrer/Lehrerin stellt eine Schale mit gekeimtem Weizen in die Mitte.)

Das Leben ist stärker als der Tod. Das sehen wir zu Ostern. Wir sehen es, wenn wir nach draußen gehen. An den Zweigen sprossen grüne Blätter.
(LehrerIn legt einen vorgetriebenen Birkenzweig in die Mitte.)
Osterglocken und Tulpen durchbrechen die Erde.
(Eine Schale mit Frühlingsblumen wird in die Mitte gestellt.)
Alles beginnt zu wachsen und zu blühen. Darüber können wir uns freuen. Wir können tief durchatmen.
(Alle atmen tief durch.)
Der Atem lässt uns leben. So ist Gott, wie der Atem, der alles lebendig macht. Er lässt uns nicht allein. Er hält uns fest in seiner Hand. Mit seinem Licht will er uns leuchten. Als Zeichen dafür darf sich jetzt jeder von euch eine Kerze aus dem Korb nehmen, den ich jetzt weitergebe. Wenn der Korb herumgereicht ist, dürft ihr einzeln nacheinander in die Mitte gehen, eure Kerze entzünden und eure Lichter in einem großen Kreis um die Ostergaben in der Mitte herumstellen.
(Kinder entzünden nacheinander die Lichter und umrahmen damit die Mitte.)

Lied : Du bist das Leben

Gebet

Guter Gott, du versprichst uns neues Leben,
wie aus dem Korn, das aus der dunklen Erde sprießt,
wie die Blumen, die nach der langen Winternacht aufblühen,
wie die Blätter, die die Knospen der Bäume durchbrechen,
wie die Lichtstrahlen der Sonne, die jeden Morgen die Welt
zum Leben erwecken.
Du lässt auch uns nicht allein. Dafür sagen wir dir:
Danke, guter Gott.
Das können wir allen erzählen,
deine guten Geschichten vom Leben.
Amen.

3. Wasser – Zeichen für das neue Leben, das Gott uns schenkt Eine gottesdienstliche Feier zum Thema Taufe/Tauferinnerung

Leitmotiv

Taufe ist ein Geschehen, das in einem engen Bezug zum Leben, Sterben und Auferstehen Jesu Christi gesetzt ist. Wasser ist hierfür das äußere Zeichen, denn es ist wie keines der anderen Elemente so stark mit den Attributen von Lebensursprung, aber auch Lebensbedrohung verknüpft. In der Begegnung mit dem Lebens- und Taufelement Wasser erfahren die Kinder etwas von der zugesprochenen Annahme für ihr Leben.

Benötigte Materialien

Ein großes blaues Tuch, Wasserkrug mit Wasser, Schale, Taufkerze, Taufurkunde, vorbereitete Wassertropfen zum Ausschneiden, Scheren, Decken für die Fantasiereise

Lied

Ja, Gott hat alle Kinder lieb (MKL 20)

Der/die LehrerIn sitzt mit den Kindern im Stuhlkreis. Ein großes blaues Tuch liegt in der Mitte. Auf dem Tuch liegen lauter Dinge, die mit der Taufe in Verbindung gebracht werden können:
Ein Krug mit Wasser und eine Schale, eine Taufkerze, eine Taufurkunde, Bilder von einer Taufe. Die Bedeutung der einzelnen Gegenstände wird erklärt:
Wasser – neues Leben
Taufkerze – sie erinnert mit ihrem Licht, dass uns Gott durch die Taufe neues Leben schenkt
Taufspruch – Er ist Gottes segnende Zusage

(LehrerIn gießt aus dem Krug Wasser in die Schale. Jedes Kind darf das Wasser einmal durch seine Hände laufen lassen.)

(LehrerIn:) Gott ist wie eine Wasserquelle, die immer sprudelt.
Gott strahlt wie die Sonne, die unser Leben hell macht.
Gott erfrischt uns mit seinem Wasser, unseren Körper, aber auch unser Herz.
Ich lasse es über meine Hände fließen.
Das tut mir gut.
Ich schöpfe es mit meinen Händen und gieße es über mein Gesicht.
Ich freue mich.
Gott, aus deiner Quelle kann ich trinken.
Du löschst meinen Durst.

In deiner Quelle kann ich mich waschen.
Ich werde sauber und frisch.
Gott, ich danke dir.

Fantasiereise

*(Der/die LehrerIn lädt die Kinder ein, auf einer Decke am Boden
Platz zu nehmen und die Augen zu schließen.)*

Impuls

Wir legen uns heute wieder auf unsere Zauberdecke und begeben uns auf eine Reise. Dabei werden wir ganz ruhig und schließen unsere Augen. Wir spüren unseren Atem, wie er durch unseren Körper fließt. Schließlich nimmt der Atem uns mit hoch in
die Lüfte, und wir fliegen zurück in die Zeit, bevor wir zur Welt
gekommen sind.

Ganz früher, vor langer Zeit, hast du an einem kleinen, war-
men, dunklen Ort gelebt.
Behütet bist du geschwommen in warmem Wasser, drinnen im
Bauch deiner Mutter.
Jeden Schritt, den die Mutter tat, war für dich wie eine sanfte
Schaukel.
Irgendwann hast du gespürt, dass dein Platz in diesem Meer
von Wasser zu klein für dich wurde. Da hast du dich auf eine
lange Reise begeben. Die Wasserblase platzte und eine große
Kraft schob dich hinaus in die Welt.
Da haben alle gestaunt, wie wunderbar du von Gott gemacht bist,
so kleine winzige Füße, so kleine zarte Hände und Finger. Auch
du hast gestaunt über die große Welt, die es zu entdecken gab.
Langsam aber regelmäßig bist du gewachsen und hast immer
neue Dinge gelernt, krabbeln und laufen, sprechen und singen.
Weil all das nicht selbstverständlich ist, haben dich deine Eltern
zur Taufe gebracht. Sie wollten vor der ganzen Gemeinde zeigen, dass du zu Gott gehörst. Sie haben dich taufen lassen.

Da war es wieder, das Wasser. Ein wenig erinnert es an das Meer, in dem du geschwommen bist. Ein wenig erinnert es an das Wasser, das du trinkst, und es erinnert an das Wasser, mit dem du dich erfrischst und wäschst. Das ist wie sauber werden, sich wie neugeboren fühlen. Du wurdest getauft mit Wasser im Namen Gottes, der dir dein Leben geschenkt hat, im Namen Jesu, der von Gottes unendlicher Liebe zu dir erzählt hat, und im Namen des Geistes, der dich nie in deinem Leben allein lässt. Du warst etwas ganz Besonderes in deinem festlichen Kleid, geschmückt für dein Tauffest. Mit dem Wasser bekamst du einen Segensspruch geschenkt. Damit will Gott dir sagen: dass er dir immer nahe ist.

Jetzt reisen wir langsam wieder zurück, fliegen auf unserer Decke in den Klassenraum, atmen tief durch und öffnen langsam die Augen ...

Lied: Ja, Gott hat alle Kinder lieb

Die Kinder schneiden jetzt aus blauem Tonpapier einen Wassertropfen aus, in den ein Segensspruch hineingedruckt ist. Diese Wassertropfen werden um die Schale mit dem Wasser herum gelegt.

Segen im Kreis

Gott berühre dich.
(Die Kinder legen sich gegenseitig die Hände auf die Schultern.)
Gott erfrische dich.
(Die Kinder machen mit der rechten Hand eine schöpfende Bewegung über dem Kopf ihres rechten Nachbarn.)
Gott segne dich mit dem Wasser der Taufe.
(Die Kinder weisen mit nach vorne ausgestreckten Armen auf das Wasser in der Mitte.)

Jedes Kind schenkt seinem linken Nachbarn/Nachbarin einen Wassertropfen, den es aus der Mitte holt.

4. Geborgen bei Gott für alle Zeit – Eine gottesdienstliche Feier zu Psalm 139

Leitmotiv

Kinder brauchen unbedingt die geschenkte Erfahrung von Geborgenheit, um sich in ihrer ganzen Vielfalt zu entdecken. Die gottesdienstliche Feier greift diese lebensnotwendige Grundlage auf und stellt sie in Zusammenhang mit Psalm 139. Kein anderer Psalm drückt in so vertrauensvoller Aussage die spannungsvolle Suche nach dem eigenen Platz im Leben aus. Die Gewissheit darin, niemals aus der Geborgenheit Gottes herauszufallen, durchzieht den ganzen Psalm. Das Gestaltungsmotiv des Herzens soll den Kindern etwas von dieser vertrauensvollen Gewissheit erfahrbar machen.

Benötigte Materialien

Eine große rote Herzschablone, langes, schmales schwarzes Stoffband, langes, schmales gelbes Stoffband, Teelichter für jedes Kind, Bilder, die Geborgenheitserfahrungen ausdrücken

Lieder

Wie in einer zärtlichen Hand (KG 196)
Gottes Wort ist wie Licht in der Nacht (KG 149)

Die Kinder sitzen im Stuhlkreis. Eine große Herzschablone, aus rotem Tonpapier zusammengesetzt, wird in die Mitte gelegt. Gemeinsam mit den Kindern werden Assoziationen zu dem Herz in der Mitte gesammelt.
Die Assoziationen münden in die Aussage, dass das Herz uns mit seinem Schlag leben lässt. Dort fühlen wir, was uns freut

und was uns traurig macht, was wir uns wünschen und was uns ängstigt.

Wir werden einmal ganz leise, spüren und fühlen unseren Herzschlag.

Unser Herz ist ein kostbares Geschenk Gottes.

Wir sind ein kostbares Geschenk Gottes.

Dafür können wir Gott danken.

(LehrerIn führt Psalm 139 ein.)
Zu allen Zeiten hat es Menschen gegeben, die das gespürt haben und Gott dafür danke gesagt haben. Einer von ihnen hat Gott ein Lied davon gesungen.
Ich will euch von dem Lied erzählen. Den Kehrvers könnt ihr mitsprechen und euch dazu bewegen.

Bewegung zum Kehrvers:
Von allen Seiten umgibst du mich
Arme werden zu einem Halbrund geöffnet
und hältst deine Hand über mir.
Hände werden in Form eines Daches über den Kopf gehalten.

Von allen Seiten umgibst du mich
und hältst deine Hand über mir.

Guter Gott, wunderbar hast du mich gemacht, mit allem, was ich bin.
Du kennst mich in- und auswendig, überhaupt alles von mir.
Du bist da, wenn ich am Morgen wach werde und meine Augen aufschlage,
wenn ich esse und trinke, zur Schule gehe und lerne.
Du bist da, wenn ich fröhlich spiele und herumtobe.

Von allen Seiten umgibst du mich
und hältst deine Hand über mir.
Guter Gott, wunderbar hast du mich gemacht, mit allem, was ich bin.

Du hast mir mein Herz geschenkt, mit dem ich fühlen kann,
was mich fröhlich oder traurig macht, zuversichtlich oder ängstlich.
Du weißt, wie es mir am Tag ergehen wird.
Aber auch in der Nacht bist du nicht fern von mir.
Wie gut ist es zu wissen, dass du mich immer beschützt,
auch wenn ich das manchmal nicht richtig verstehen kann.

Von allen Seiten umgibst du mich
und hältst deine Hand über mir.

(LehrerIn legt Bilder, die Geborgenheitserfahrungen ausdrücken,
in die Mitte. Alle singen gemeinsam das Lied: Wie in einer zärtli-
chen Hand.)

Wie in einer zärtlichen Hand

Text und Melodie: © Bernd Schlaudt und Gruppe Liturgie 1985

(Nun legt der/die LehrerIn mit einem langen, schmalen schwar-
zen Tuch um die rote Herzschablone den Umriss eines schwarzen
Herzens.
Mit den Kindern werden Assoziationen zu dem neuen Bild gesam-
melt: Wörter und Situationen, die uns zum schwarzen Herz ein-
fallen. Sie münden in der Aussage, dass es nicht immer warm und
hell in unserem Herzen ist. Auch dann sind wir bei Gott gebor-
gen.)

Gebet

Guter Gott, manchmal ist mein Herz so traurig,
als würde ein dunkler Schatten darauf liegen.
Dann brauche ich jemanden, mit dem ich darüber reden kann.
Es ist aber nicht immer jemand zur Stelle, der mich versteht
oder mir zuhört.
Dann bin ich froh, dass ich zu dir kommen kann, so wie ich bin.
Du hörst mir immer zu.
Zu dir kann ich alles bringen, was mich bedrückt.
Dir kann ich alles sagen, wovor ich Angst habe.
Wenn ich das tue, wird es langsam wieder hell in meinem Her-
zen.
Amen.

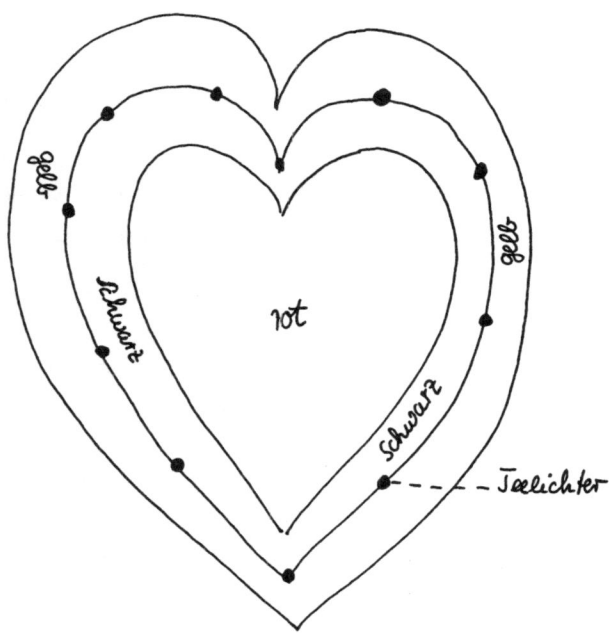

(Die Kinder singen ein Lied: Gottes Wort ist wie Licht in der Nacht. Während des Liedes legt der/die LehrerIn mit einem langen, gelben Stoffband noch einmal einen Herzumriss in die Mitte. In die obere Spitze wird eine Kerze gestellt und entzündet. Zum Lied dürfen sich jetzt die Kinder nacheinander ein Teelicht nehmen, es an der großen Kerze entzünden und damit den Zwischenraum zwischen schwarzem und gelbem Herzraum ausfüllen.)

(LehrerIn): Der Psalmbeter erzählt uns davon, dass bei Gott sogar die Nacht wie der Tag leuchten kann.

(Alle stellen sich zum Segen auf und halten sich an den Händen.)
Segen
So segnet dich Gott.
Er hält dich zärtlich mit seiner Hand.
Er nimmt dich in den Arm.
Er macht dein Herz weit und warm.

5. Feier zum Thema: Alles, was lebendig ist, muss einmal sterben

(Im Zusammenhang einer Unterrichtsreihe zum Thema Tod und Sterben)

Leitmotiv

Kinder machen in vielfältiger Weise Erfahrungen mit dem Tod. Die Erfahrung, dass dieser mit ins Leben hineingehört, wird ihnen oft aus falscher Angst von Erwachsenen vorenthalten. Kinder wollen und dürfen mit ihren Gedanken, Ängsten, Fragen und Gefühlen keinesfalls allein gelassen werden. Innerhalb einer Unterrichtsreihe zum Thema Tod bietet eine liturgische Feier die Möglichkeit, die Kinder diesbezüglich in besonderer Art und Weise ernst zu nehmen. Sie erfahren so etwas vom Getragensein durch Gott – auch angesichts der Tatsache, dass alles Lebendige einmal sterben muss.

Benötigte Materialien

Schwarzes Tuch, eine große Kerze, Teelichter, CD-Player, meditative Musik, ein Raum, der groß genug ist, um sich mit den Kindern darin zu bewegen

(Der/die LehrerIn sitzt mit den Kindern im Stuhlkreis. Ein schwarzes Tuch wird in die Mitte gelegt. Die Kinder erinnern sich an die vergangene Stunde oder vielleicht an einen Spaziergang, den sie gemeinsam mit der Klasse über den Friedhof gemacht haben.)

(LehrerIn:) Wenn wir daran denken, dass alles Lebendige einmal sterben muss, ist es gut zu wissen, dass wir mit unseren Gedanken nicht alleine sind. Zu allen Zeiten haben Menschen darüber nachgedacht. Manches davon können wir in der Bibel nachlesen.
Da gibt es jemand, der hat sich vorgestellt, dass Gott ihm einen Schutzengel zur Seite stellt, der ihn nie alleine lässt, bei Tag nicht und bei Nacht nicht.
Wir probieren einmal aus, wie das ist, wenn man von einem Schutzengel behütet wird. Immer zwei von euch sind sich jetzt gegenseitig Schutzengel. Wir beschützen uns einander gegenseitig. Einer ist der zu Beschützende, der andere der Beschützer. Überlegt einmal, wie das aussehen könnte, wenn ihr jemanden beschützen wolltet. Ganz zart und vorsichtig sollte das sein.
(Die Kinder probieren Schutzgesten aus.)

(LehrerIn:) Ihr dürft euch jetzt mit euren Beschützern zur Musik im Raum bewegen. Wenn ihr euren Engel braucht, dann gebt ihm wortlos ein Zeichen.

Wenn die Musik aufhört, wechselt die Rollen und beginnt, wenn die Musik wieder anfängt, von neuem.

(Nach dieser Bewegungsübung nehmen alle wieder im Kreis Platz.)

(LehrerIn:) Ich lese euch jetzt vor, welche Gedanken der Psalmbeter aufgeschrieben hat.
Gemeinsam sprechen wir:

A: *Gottes Engel sei mein Schutz am hellen Tag.*
Gottes Engel behüte mich in der Dunkelheit der Nacht.

L: Gott, wie gut, dass du immer da warst.
Vor vielen Millionen Jahren hast du schon die Welt in deiner Hand gehalten.
Nichts geht vor dir verloren, auch wenn alles, was lebendig ist, einmal sterben muss.

(Ein dicker verwitterter Stein wird in die Mitte auf das Tuch gelegt.)

A: *Gottes Engel sei mein Schutz am hellen Tag.*
Gottes Engel behüte mich in der Dunkelheit der Nacht.

L: Wenn jemand stirbt, den wir lieb haben, sind wir traurig.
Wir müssen weinen.
Es ist so wie eine abgepflückte Blume, die in der Vase gerade noch schön geblüht hat und plötzlich verwelkt ist.

(Eine Blume wird in die Mitte gelegt.)

Es ist so wie ein abgepflücktes Blatt.
Wir werfen es von einer Brücke ins Wasser
und sehen, wie es schnell fortschwimmt.

(Jedes Kind darf ein verwelktes Blatt aus einer Schale nehmen und in die Mitte legen.)

A: Gottes Engel sei mein Schutz am hellen Tag.
Gottes Engel behüte mich in der Dunkelheit der Nacht.

L: Die Menschen kommen und gehen.
Jeden Tag werden Babys auf der Welt geboren.
Jeden Tag stirbt jemand.
Viele Menschen werden alt.
Für uns scheint das eine Ewigkeit zu dauern.
Doch in Wirklichkeit fliegt die Zeit so schnell davon wie die Vögel
am Himmel.

(Eine Uhr wird in die Mitte gelegt.)

A. Gottes Engel sei mein Schutz am hellen Tag.
Gottes Engel behüte mich in der Dunkelheit der Nacht.

L: Gott, du allein gibst uns die Zeit für unser Leben.
Darin können wir fröhlich sein,
weil du uns nicht aus deiner Hand fallen lässt.
Das, was wir Gutes tun mit unseren Händen, wirst du segnen.

(Eine große Kerze wird in die Mitte gestellt und angezündet.)

A: Gottes Engel sei mein Schutz am hellen Tag.
Gottes Engel behüte mich in der Dunkelheit der Nacht.

Lied: Unsere Zeit in Gottes Händen (LfK 2/59)

(LehrerIn:) Menschen haben zu allen Zeiten auch ihre Klagen
vor Gott gebracht. Das tun wir jetzt auch.
Denn wir haben immer wieder viele Fragen, wenn wir daran
denken, dass alles Lebendige einmal sterben muss.

Klage

Lieber Gott,
wir wissen, dass alles, was lebt, einmal sterben wird.

Davor haben wir Angst.
Wir verstehen nicht, warum das sein muss.
Uns fällt es so schwer, von etwas, was wir lieb haben,
Abschied nehmen zu müssen.
Besonders schwer ist es bei Tieren und Menschen.
Lieber Gott,
wir bringen unsere Klage darüber vor dich.
Lass uns nicht allein!

Lob

Gott lässt uns nicht allein. Er spricht zu uns:
Ich habe meinen Engeln befohlen, dass sie dich behüten
auf allen deinen Wegen, dass sie dich auf Händen tragen
und du nicht mit deinem Fuß an einen Stein stößt.

(Psalm 91,11+12)

(Der/die LehrerIn erinnert sich gemeinsam mit den Kindern an
Menschen, die gestorben sind. Die Kinder dürfen davon erzählen.
Manche Oma und mancher Opa lebt nicht mehr. Kinder wissen
auch von Fehlgeburten ihrer Mütter. Es kann auch sein, dass ein
Elternteil, ein Geschwisterkind, ein Freund oder eine Freundin
gestorben ist. Vielleicht gibt es Leute aus der Nachbarschaft, die
die Kinder gut gekannt haben und die verstorben sind.
In der Erinnerung haben auch Haustiere der Kinder Platz, die
verstorben sind.
Wir zünden für die Verstorbenen Teelichter an und formen damit
ein Kreuz in der Mitte bei Blättern und Blumen.
Während wir die Lichter anzünden und in die Mitte bringen, kann
meditative Musik im Hintergrund laufen. In der Stille denken wir
noch einmal an alle.)

Danach wird gemeinsam das Lied gesungen: Halte zu mir, guter Gott. (LfK 1/B5)

Segen

(Alle stehen im Kreis und halten sich an den Händen.)

Gott segnet uns wie eine Mutter, die uns tröstet.
Gott segnet uns wie ein Vater, der uns in den Arm nimmt.
Gott segnet uns wie ein Freund oder eine Freundin,
die uns mit ihrer Hand streicheln.

Abkürzungen der Liederbücher

EG   Evangelisches Gesangbuch (ggf. mit Angabe des entsprechenden Regionalteils)

KG   Das Kindergesangbuch, hg. v. J. Blohm und A. Ebert, München 1998

MKL   Menschenkinderlieder, hg. v. der Beratungsstelle für Gestaltung, Frankfurt am Main 1986

ML   Mein Liederbuch für heute und morgen, Düsseldorf 1981

LfK 1   Liederheft für den Kindergottesdienst Heft 1, hg. v. Westfälischen Verband für Kindergottesdienst, überarb. Neuauflage, Schwerte 1994

LfK 2   Liederheft für den Kindergottesdienst Heft 2, hg. v. Westfälischen Verband für Kindergottesdienst, Schwerte 1990

LJ   Liederbuch für die Jugend, hg. v. Markus Hartenstein und Gottfried Mohr, 21. Aufl., Gütersloh 2001